Menschen erzählen sich gerne etwas

Nicht nur Menschen, Lisa. Auch Raben erzählen gerne etwas. Vor allem netten Freundinnen.

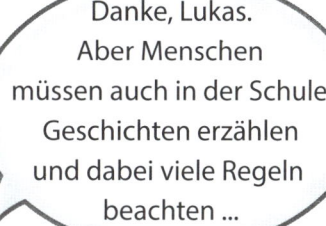

Danke, Lukas. Aber Menschen müssen auch in der Schule Geschichten erzählen und dabei viele Regeln beachten ...

1 Bei der Erlebniserzählung sollst du **ein** (!) persönliches Erlebnis so darstellen, dass der Leser deine Geschichte nachempfinden kann und dabei unterhalten, vielleicht sogar „gefesselt" wird.
Eine **gute** Erlebniserzählung ist Regeln unterworfen. Ich vermute, dass du schon einige **Regeln** kennst.

▶ Schreibe nun, ohne lange nachzudenken, solche Regeln kurz auf.

Schreibe so:

Erzähle im Präteritum (1. Vergangenheit). – Beantworte in der Einleitung ...

_____

_____

_____

_____

(Die Lösung findest du unter **1** im herausnehmbaren Lösungsteil nach Seite 40.)

Denke über das Thema nach, ehe du ein Erlebnis aufschreibst

Erzählen in der Schule beginnt immer mit dem **Thema** (das ist die Überschrift). Stell dir vor, du sollst eine Geschichte schreiben. Das Thema heißt **Ein lustiger Streich**. Da wirst du wohl zuerst einmal über diese Überschrift nachdenken. Dazu jetzt eine Übung.

2 Es folgen **drei** Texte. Jeder Text passt zu einer dieser Überschriften:

Ein lustiger Streich – Ein gemeiner Streich – Ein gelungener Streich

▸ Lies jetzt die Texte und schreibe dann jeweils die passende Überschrift auf die Zeile darüber.

Ein _____ Streich

Frau Haupt ist alt und gehbehindert. Trotzdem macht sie täglich mit Hilfe ihres Rollators einen kleinen Spaziergang. Im nahen Park setzt sie sich auf eine Bank und genießt die warme Frühlingssonne. Heute ist sie sogar ein wenig eingenickt. Thomas und Julia haben Frau Haupt beobachtet. Leise und behutsam nehmen sie ihr den Rollator weg und verstecken ihn zwanzig Meter entfernt in einem Gebüsch. Dann verschwinden sie.

Als Frau Haupt aufwacht, vermisst sie ihren Rollator. Sie gerät außer sich vor Aufregung, weil sie nun nicht mehr heimgehen kann. Endlich kommen Leute vorbei und beruhigen die verzweifelte alte Dame. Es dauert eine Weile, bis sie den Rollator gefunden haben. Sie begleiten Frau Haupt nach Hause.

Ein _____ Streich

Tommy ist soeben aufgestanden. Verschlafen wie immer setzt er sich an den Frühstückstisch. Es ist jeden Tag dasselbe. Mutter muss ihm alles herrichten: Frühstück, Kleidung, einfach alles. „Der würde auch im Schlafanzug zur Schule gehen", denkt Lea, seine Schwester. Als Mutter gerade mal nicht im Zimmer ist, tauscht Lea eine von Tommys blauen Socken gegen eine rote aus – Leas Morgenmuffeltest. Tatsächlich: Eine halbe Stunde später steht Tommy bereit zum Abmarsch. Schultasche auf dem Rücken, blaue Socke links, rote Socke rechts. Jetzt noch der Abschiedskuss und dann nichts wie zur Schule – wäre nicht Lea, die ihm nachruft: „Tommy, sieh doch mal, deine Socken ..." Noch einen kleinen Augenblick und jetzt ist Tommy endlich hellwach. Die rechte Socke ist schnell ausgetauscht, und ehe Tommy geht, müssen alle herzlich lachen: Mutter, Tochter – und Sohn.

Ein _____ Streich

Es ist der 1. April. Von seinem Fenster aus beobachtet Leon, wie Herr Schneider auf der Straße langsam sein Auto startbereit macht. Leon hat einen Einfall: „Du, Papa, das Auto von Herrn Schneider springt nicht an. Vielleicht kannst du ihm helfen." Herr Schneider ist ziemlich erstaunt, als Vater mit dem Werkzeugkasten kommt. Es dauert eine Weile, bis Vater merkt, dass er in den April geschickt worden ist.

(Die Lösung findest du unter **2** im herausnehmbaren Lösungsteil nach Seite 40.)

3 Sicher hast auch du schon einmal einen Streich ausgeheckt.

Schreibe jetzt diesen **Streich** mit einer passenden **Überschrift** auf ein Blatt oder in ein Heft, das nur für deine Geschichten bestimmt ist. **Achtung**: Gestalte deine Geschichte so **gut wie möglich**. Merke dir außerdem, **wo** du sie **hinlegst**, du wirst sie später noch einmal brauchen.

(Für diese Aufgabe gibt es natürlich keine Lösung im Lösungsteil.)

4 Noch einmal: Denke über das **Thema** nach. In der **linken** Tabellenspalte stehen 5 **Aufsatzthemen**, in der **rechten** 5 kurz gefasste **Erlebnisse** dazu.

▶ Lies dir zuerst nur die Aufsatzthemen und Erlebnisse durch. Sicher fällt dir auf, dass sie nicht zusammenpassen.

Aufsatzthema	Erlebnis
A Eine bittere Enttäuschung	**1** Phillip bekommt von seinen Großeltern den lang ersehnten Fußball geschenkt.
B Das war ärgerlich	**2** Michelle verkleidet sich als Gespenst und schleicht abends zu ihrem Bruder ins Zimmer.
C Ein gelungener Scherz	**3** Alexander soll bei einem Handballspiel seiner Klasse mitmachen. Kurz vor dem Spiel wird er gegen einen anderen Spieler ausgetauscht.
D Das war sehr unvorsichtig	**4** Anna darf in den Zirkus. Am Eingang merkt sie, dass sie die Eintrittskarte verloren hat. Sie kauft noch einmal eine.
E Eine große Freude	**5** Lea geht aufs Eis, obwohl die Eisdecke noch ziemlich dünn ist. Sie bricht ein und kann sich nur mit Mühe retten.

▶ Ordne nun die Aufsatzthemen den Erlebnissen richtig zu. Du brauchst nur die Nummern einzutragen.

Aufsatzthema	A	B	C	D	E
Erlebnis					

▶ Lies dir folgende Geschichte in Ruhe durch.

Alexander ist mein Freund. Einmal stieg ich mit ihm auf den Dachboden unseres alten Hauses. Ganz oben entdeckten wir ein Taubennest. Drei kleine, hilflose und hässliche Geschöpfe lagen darin. Die Mutter war weg, vielleicht hatte sie ihre Jungen verlassen. Ein Täubchen war tot. Die anderen sahen mager und

halb verhungert aus. Sie hatten nur einen gelben, schmutzigen, klebrigen Flaum. Ich nahm sie heraus und trug sie vorsichtig in unsere Wohnung. Meine Mutter fragte: „Was hast du da?" Ich erklärte ihr alles. Wir fütterten die Vögel mit Körnern, die ich mir im Supermarkt besorgt hatte. Es war rührend, wenn die Kleinen hungrig ihre Schnäbel aufrissen. Alexander und ich pflegten sie mit viel Liebe und Geduld. Lange bangten wir um ihr Leben, schließlich wurden sie von Tag zu Tag putziger und kräftiger. Nach zwei Wochen machten sie die ersten Flugversuche, doch sie stürzten noch manchmal ab. Es war sehr drollig und wir hatten viel zu lachen. Nach ein paar Tagen sagte meine Mutter: „Jetzt will ich sehen, ob sie schon aus einem Meter Höhe fliegen können!" Ich setzte sie auf den Tisch und schubste sie hinunter. Ich traute meinen Augen nicht: Sie flogen im Zimmer umher. Schließlich konnten wir ihnen die Freiheit geben. Alexander war da, und jeder warf eine Taube in die Höhe. So flogen sie weg. Ich sah ihnen nach und dachte daran zurück, wie hilflos sie noch vor einigen Wochen gewesen waren.

5 Welche der folgenden Überschriften passt **am besten** zur Geschichte oben? Unterstreiche und **begründe** deine Entscheidung kurz.

Beachte: Das Thema soll neugierig machen, das Wesentliche treffen und für die **ganze** Geschichte gelten.

1. Wie ich Tauben das Fliegen beibrachte

2. Eine Entdeckung auf dem Dachboden

3. Spaß mit Tauben

4. Hilfe zur rechten Zeit!

Was tun, wenn dir nichts einfällt?
Auf der **Suche** nach einem **Erlebnis**

Du sollst eine Geschichte zu diesem Thema schreiben:

Da habe ich mich geärgert

Jetzt sitze ich da und denke:
„Mir fällt nichts ein!"

Geht es dir auch manchmal so wie Lukas?

Viele Schülerinnen und Schüler haben Probleme, sich an ein passendes
Erlebnis zu einer vorgegebenen Überschrift (Thema) zu erinnern.
Die Frage ist: Was macht man, wenn einem nichts einfällt?
Das wirst du in diesem Kapitel lernen.

Unser Thema heißt: Da habe ich mich geärgert
In jedem Thema steckt ein **Schlüsselbegriff**. Gemeint ist jenes Wort, auf
das es ankommt, und über dessen Bedeutung du dir im Klaren sein musst.
Bei unserem Thema ist es das Partizip (Mittelwort) *geärgert*.
Du hast dich in deinem Leben sicher schon oft geärgert. Zum Beispiel über
deinen Lehrer, deine Eltern, deine Freunde oder Geschwister, manchmal
sogar über dich selbst. Vielleicht hast du Geld verliehen und nicht zurück-
bekommen, oder deine Eltern haben keine Zeit für dich.

6 Ergänze zuerst die folgenden zwei Beispiele:

Ich ärgerte mich,

▶ weil ich eine schlechte N_____ bekam;

▶ weil mich jemand beim Lehrer _____.

7 Wichtig ist, dass du zu jedem Aufsatzthema nur ein Erlebnis erzählst.
Es wäre ein Fehler, vom einmal gewählten Erlebnis abzuweichen.

▶ Schreibe nun in drei weiteren Sätzen auf, warum du dich einmal
geärgert hast. Erinnere dich jeweils an **ein** Erlebnis.

Ich ärgerte mich,

▶ weil _____

_____

▶ weil _____

_____

▶ weil _____

_____

Man muss also so lange sein Gedächtnis
erforschen, bis einem **ein** Erlebnis einfällt.
Nur nicht lockerlassen!

Korrekt.
Was ich fragen wollte:
Hattest du schon mal ein
Erlebnis mit Mäusen?

Auch dies könnte das Thema für eine Erlebniserzählung sein:

Das machte Spaß

Auf welches Wort kommt es hier an? Natürlich auf das Wort *Spaß*. Spaß ist ein **Gefühl**, das **Vergnügen** bereitet. Man ist **fröhlich** und **lustig**, etwa bei einem Spiel oder bei einer Tätigkeit.
Es folgt jetzt eine Übung, die dir helfen soll, etwas zu erzählen, was dir Vergnügen bereitet hat.

8 ▶ Trenne zuerst die Nomen (Namenwörter) in der Wörterschlange unten ab.
▶ Schreibe anschließend in Form von Überschriften auf, was Lukas und Lisa Spaß gemacht hat.

Ein gelungener Ausflug – Besuch aus Amerika –

_____

_____

_____

Leider macht nicht alles Spaß. Manche Erlebnisse machen sogar richtig Angst. Dann ist es gut, wenn man davon erzählt, weil man dann die Angst eher loswird. Ein Aufsatzthema, zu dem also jeder etwas schreiben kann, heißt: Da hatte ich Angst

Auf dem Bild sind Situationen dargestellt, die Angst auslösen können. Sieh dir erst einmal die Zeichnung genau an.

9 Schreibe mit Hilfe des Bildes **kurz** auf, was dir zum Thema Angst einfällt.

Angst vor: Dunkelheit,_____

_____

_____

_____

Gesucht: der **Höhepunkt**

Du wirst dir denken: „Bis jetzt habe ich viel überlegt." Das stimmt! Du hast
▶ 1. über das Thema **nachgedacht**,
▶ 2. ein Erlebnis **ausgewählt**.

Ehe du mit dem Schreiben, also mit der Einleitung, beginnst, solltest du
▶ 3. **überlegen**, **wo** der **Höhepunkt** deiner Geschichte sein könnte.

Deine Erlebniserzählung gelingt nämlich nur, wenn du sie
gut **geplant** hast.

> Müssen Geschichten
> denn immer einen
> Höhepunkt haben?

> Ich weiß schon mal gar
> nicht, was das genau ist,
> ein Höhepunkt!

Lisa hat Recht. Im Leben – und davon erzählst du ja meistens – hat **nicht
jede** Geschichte einen Höhepunkt. Im Erlebnisaufsatz dagegen soll jede
einen haben. Der Höhepunkt ist gewissermaßen das **Erzählziel**, der
Grund, warum man eine Geschichte erzählt.
Was versteht man nun genau unter einem **Höhepunkt**? Anders gefragt:
Welcher Teil einer Geschichte ist mit dem Höhepunkt gemeint?
Auf der nächsten Seite wirst du mehr darüber erfahren.

Das Mädchen auf dem Bild hat Angst. Wie lange schon und wovor, verrät das Bild nicht. Es zeigt uns nur einen **Ausschnitt** aus einer Geschichte. Wir merken aber sofort, dass wir einen besonders **spannenden** Moment aus dieser Geschichte sehen, gewissermaßen den **Höhepunkt**, also die höchste Steigerung des Angstgefühls.

0 Schreibe auf, **wovor** das Mädchen Angst haben könnte, ehe du im Lösungsteil nachsiehst.

_____

_____

_____

Du weißt nun, dass das Bild nur einen **Ausschnitt** aus einer Geschichte zeigt. Wir sind so lange gespannt, bis wir den Grund für die Angst des Mädchens kennen. Wir erleben also den Höhepunkt einer Geschichte. Dieser beginnt, wenn es **spannend** wird. Er endet, wenn die Spannung **aufhört**. Die Kunst besteht darin, **nicht** zu **früh** zu verraten, wie eine Geschichte endet. Die Spannung soll beim Leser möglichst lange erhalten bleiben.

▶ Lies jetzt den folgenden **Erlebnisaufsatz** durch.

Da war ich erleichtert

1   Einmal sagte meine Mutter zu mir: „Katharina, geh doch bitte für
     mich zum Einkaufen! Hier hast du 10 Euro; hol eine Flasche Milch,
     ein halbes Kilo Butter und ein Netz Orangen!" Ich steckte das Geld
     in meine Geldbörse, holte die Einkaufstasche aus dem Schrank
5   und fort war ich. Im Supermarkt hatte ich bald gefunden, was ich
     suchte. Ich ging zur Kasse und wartete, bis ich an der Reihe war.
     „Das macht 3 Euro 95 Cent", sagte die Kassiererin. Ich griff in meine
     Anoraktasche, um die Geldbörse herauszunehmen – aber die
     Tasche war leer. Das konnte doch nicht sein! Ich versuchte es noch
10   einmal – vergeblich! Ich schaute in meine Einkaufstasche: auch
     da keine Geldbörse. Jetzt wurde mir ganz heiß. „Ich finde meine
     Geldbörse nicht!", stotterte ich verlegen. „Ich muss sie unterwegs
     verloren haben. Ich komme gleich wieder!" Ohne die Frau an der
     Kasse noch einmal anzusehen, lief ich aufgeregt auf die Straße,
15   um meine Geldbörse zu suchen. Wo konnte ich sie nur verloren
     haben? Angestrengt blickte ich auf den Boden, während ich den
     Weg, den ich gekommen war, zurückging. Doch ich konnte die
     Geldbörse nicht finden. Mir war zum Weinen zumute. Warum
     hatte ich nicht besser aufgepasst? Da stand ich schon vor unserer
20   Haustür. Jetzt musste ich es meiner Mutter sagen. Schweren
     Herzens läutete ich an der Wohnungstür. „Du, Mama, ich hab – ",
     begann ich. Aber sie unterbrach mich: „Ach, da bist du ja! Als ich
     merkte, dass du deine Geldbörse vergessen hattest, warst du
     leider schon weg. Hier!" Damit drückte sie mir den Gegenstand in
25   die Hand, den ich so verzweifelt gesucht hatte. Mir fiel ein großer
     Stein vom Herzen. Erleichtert lief ich noch einmal zum Supermarkt.

Du hast nun gelesen, dass Katharina zum Einkaufen geht.
Von einer bestimmten Stelle an wird der **Höhepunkt** vorbereitet,
Spannung entsteht.

11 Schreibe den **Satz** auf, mit dem es beginnt, spannend zu werden.

_____

_____

2 Schreibe nun den Satz auf, in dem sich die **Spannung** wieder **löst**.

_____

_____

3 Du sollst nun einen weiteren **Höhepunkt herausfinden**. Dazu habe ich den Inhalt eines Erlebnisaufsatzes in 10 Stichpunktsätzen wiedergegeben.
▸ Lies zuerst diese 10 Sätze durch.

1. Michelle macht mit ihrer Klasse im Sommer eine Radtour.

2. Während einer Rast will sie mit ihren Freundinnen im Supermarkt etwas zu trinken kaufen.

3. Vorher schließen die Mädchen ihre Fahrräder ab.

4. Nach dem Einkauf setzen sie sich auf eine Bank und genießen ihre Getränke.

5. Alle brechen auf. Michelles Freundinnen öffnen ihre Fahrradschlösser und fahren los.

6. Auch Michelle sitzt schon auf ihrem „Drahtesel", bereit zu starten.

7. Voller Schreck, aber zu spät bemerkt sie, dass sie nicht losfahren kann. Die Pedale lassen sich nicht bewegen.

8. Mit weißer Hose und einer Cola kippt sie in einen Busch. Sie hatte vergessen, ihr Fahrradschloss aufzusperren.

9. Die versammelte Klasse und der Lehrer lachen sich „schlapp".

10. Zum Glück hat Michelle sich nicht verletzt.

▸ Kreuze nun die **Nummern** der Sätze an, die den **Höhepunkt** darstellen.

Nun zu einer anderen Geschichte, in der Jan von einer schlimmen Erkältung erzählt. Ehe er sein Erlebnis aufschreibt, macht er einen „Erzählplan" in neun Stichpunkten. Die ersten sechs Stichpunkte kannst du dir auch als Bilder „ansehen". Nur so zum Spaß.

  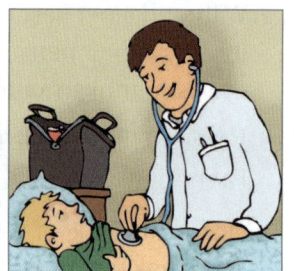

▶ Lies nun den vollständigen **Erzählplan**, den sich Jan gemacht hat.

Eine schlimme Erkältung

1. Eines Tages schneite es. Das Aufstehen fiel mir schwer.

2. An der Bushaltestelle hatte ich keine Lust zu einer Schneeballschlacht.

3. In der Schule bekam ich schlimme Kopfschmerzen.

4. Die Lehrerin ließ mich von meiner Mutter abholen.

5. Ich musste sofort ins Bett.

6. Am Nachmittag kam der Hausarzt und untersuchte mich.

7. Er öffnete seinen Koffer. Ich hatte Angst vor einer Spritze und kroch unter die Bettdecke.

8. Als ich mich wieder hervortraute, sah ich, dass der Arzt nur ein Rezept schrieb.

9. Ich musste einige Tage im Bett liegen.

Merke: Ein Erzählplan kann sehr hilfreich sein!

Jan hat aus den 9 Stichpunkten eine Geschichte geschrieben.

▶ Lies sie in Ruhe durch. Du wirst sicher merken, dass etwas **fehlt**.

Eine schlimme Erkältung

Endlich war der Winter da. Eines Morgens weckte mich Mutter:
„Guten Morgen, Jan, es ist Zeit, aufzustehen. Du wirst dich freuen:
Es schneit!" Obwohl ich schon so lange auf den Schnee gewartet hatte,
fiel es mir schwer, aus dem Bett zu kommen.
An der Bushaltestelle machten meine Freunde eine lustige Schneeballschlacht. „Spiel doch mit, Jan!", riefen sie. Aber ich hatte keine Lust, ich
war irgendwie zu müde.
In der Schule fühlte ich mich immer elender, und der Unterricht wurde
zur Qual für mich. Als ich meinen Kopf auf den Tisch legte, fragte Frau
Meinecke, meine Lehrerin: „Geht es dir nicht gut, Jan?" „Mein Kopf tut
weh und auch mein Bauch!", jammerte ich.
Gott sei Dank ließ mich Frau Meinecke von meiner Mutter abholen,
die mich zu Hause gleich wieder ins Bett steckte. Am Nachmittag kam
unser Hausarzt. Bei der Untersuchung musste ich meine Zunge heraus-
strecken und kräftig husten, während er meine Brust und meinen
Rücken abhorchte. Dann stellte er mir noch ein Rezept aus. Leider
musste ich einige Tage im Bett liegen, viel Tee trinken und die verord-
nete bittere Medizin schlucken. Aber dann durfte ich wieder zur Schule,
und ich fühlte mich gesünder als je zuvor.

4 Welchen **Stichpunkt** von Seite 14 hat Jan **nicht** verwendet?
▶ Kreuze die Nummer auf der gegenüberliegenden Seite an
   und schreibe auf, wie man diesen Teil der Geschichte nennt.

5 Versetze dich nun in Jan und schreibe den Höhepunkt
der Geschichte in der Ich-Form auf.

So kannst du beginnen:

Als der Arzt die Untersuchung beendet hatte, öffnete er seinen Koffer,
der voller Medikamente war. Ich war mir sicher, dass ich darin auch
Spritzen gesehen hatte …

In Aufgabe **15** solltest du den Höhepunkt ausarbeiten. Ich möchte dir einen guten Tipp geben, wie du so einen Text in die beste Form bringen kannst:

Lies dir deinen Text selbst immer wieder laut vor. Vielleicht findest du das ein wenig seltsam. Tatsache aber ist, dass man auf diese Weise sprachliche Mängel besser erkennen kann.

In der Schule geht das natürlich nicht, aber zu Hause. Wenn du genug an einem Text gefeilt hast, kannst du ihn auch deinen Eltern laut vorlesen. Auf diese Weise können sie deine Arbeit am besten beurteilen.

Das **Erzählziel** ist der **Höhepunkt**. Dies ist der **spannendste**, der **interessanteste** Teil der Erlebniserzählung. **Höhepunkt** heißt: Die **Spannung** erreicht ihren **höchsten Punkt**. An dieser Stelle möchten wir gar nicht aufhören zu lesen.

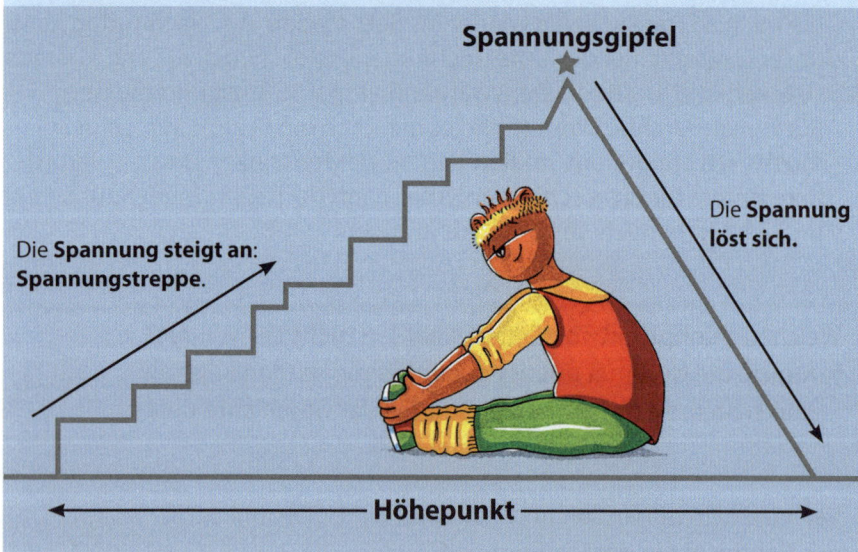

Spannungsgipfel

Die **Spannung steigt an**: Spannungstreppe.

Die **Spannung löst sich.**

Höhepunkt

Am **Anfang** des Höhepunkts **beginnt** es, **spannend** zu werden, an seinem **Ende löst** sich die **Spannung**, d. h., der Höhepunkt hat die Form eines **Spannungsbogens**.

Wie du eine Geschichte einleitest

Deine Aufsatzarbeit fand bisher im Kopf statt: Du hast über das **Thema nachgedacht, ein** Erlebnis **ausgewählt** und den **Höhepunkt herausgefunden**. Nun kannst du dein Erlebnis aufschreiben. Und weil jede Geschichte einen Anfang hat, beginnen die meisten Schülerinnen bzw. Schüler mit der **Einleitung**. Sie soll die Leserin bzw. den Leser auf die Geschichte **einstimmen** und das **Interesse wecken**.

Die Einleitung gibt Auskunft über wichtige Fragen, die so genannten **W**-Fragen: **wann**? – **wer**? – **wo**? – **was**?

Bastian hat zu seiner Erzählung eine gute Einleitung geschrieben:

Die letzten Weihnachtsferien verbrachte ich bei meinen Großeltern im Erzgebirge. Einmal habe ich etwas Lustiges erlebt. Über Nacht war Neuschnee gefallen. Mein Freund Lukas und ich beschlossen daher, eine Schneeburg zu bauen.

6 Beantworte die folgenden Fragen mit Hilfe von Bastians **Einleitung**:

Wann spielt die Geschichte? _____

Wer kommt vor? _____

Wo spielt die Geschichte? _____

Was wird erzählt? _____

_____

7 Welche wichtige **W**-Frage wird in der folgenden Einleitung nur **ungenau** beantwortet?

An einem schönen Herbsttag wehte ein starker Wind. Wir holten unsere Drachen heraus und gingen auf eine große Wiese in der Nähe unseres Dorfes.

18 Schreibe mit Hilfe der folgenden Informationen eine Einleitung:

in der letzten Sportstunde – Jasmin, Sarah und ich – vom Sportlehrer zum Aufräumen der Bodenmatten eingeteilt – keine Lust –
die schweren Matten auf den Wagen heben

_____

_____

_____

_____

Gelegentlich kann man die Einleitung mit einer wörtlichen Rede
beginnen:

„Haltet euch gut fest", sagte ich zu meinen Schwestern, als wir
losfuhren. Es war an einem kalten Wintertag in den Weihnachtsferien,
als ich mit Anja und Claudia am Schwarzenberg beim Rodeln war.

19 Schreibe mit Hilfe der folgenden Informationen wieder eine kurze
Einleitung. **Beginne** wie im Beispiel oben mit einer **wörtlichen Rede**.

heißer Julitag – schwül – meine Eltern, mein Bruder Paul und ich –
Wanderung im Fichtelgebirge

„Ist das schwül _____ ", _____

_____

_____

_____

Merkst du, wie du vorankommst? Du hast schon einiges gelernt.
Sicher kannst du nun gute Einleitungen schreiben.

Sich immer wieder fragen: Erzähle ich in der richtigen Zeit?

Beim Erlebnisaufsatz wird erzählt, was **vergangen** und **abgeschlossen** ist. Dafür verwendest du in der Schule eine bestimmte **Zeit** (Tempus).

Eine Erlebniserzählung Martins trägt die Überschrift:

> Kann ein Hase so frech sein?

In der Einleitung erfährt der Leser, dass Oma ihrem Enkel Martin einen niedlichen Zwerghasen zum Geburtstag schenkt.

▶ Hier sind drei Möglichkeiten, nach der Einleitung weiterzuerzählen. Lies sie bitte **laut** durch.

1. Ich habe den Hasen nach Hause getragen und ihn meiner Mutter gezeigt. Sie hat ihn gleich an sich gezogen, um ihn zu streicheln, aber da hat er sie in den Finger gezwickt. „Autsch!", hat meine Mutter gerufen ...

2. Ich trug den Hasen nach Hause und zeigte ihn meiner Mutter. Sie zog ihn gleich an sich, um ihn zu streicheln, aber da zwickte er sie in den Finger. „Autsch!", rief meine Mutter ...

3. Ich trage den Hasen nach Hause und zeige ihn meiner Mutter. Sie zieht ihn gleich an sich, um ihn zu streicheln, aber da zwickt er sie in den Finger. „Autsch!", ruft meine Mutter ...

20 Welcher Text steht in der **richtigen** Zeitstufe (**Erzähltempus**)?

Die zwölfjährige Emma hatte ein unangenehmes Erlebnis. Sie schreibt es in kurzen Sätzen im **Perfekt** (2. Vergangenheit) auf. (Genauso hat sie es einige Tage zuvor ihrer Freundin erzählt.)

Ich bin schon ziemlich müde gewesen, trotzdem habe ich meinem kleinen Bruder eine Freude gemacht und bin mit ihm in einen Spielzeugladen gegangen.
Erschöpft bin ich auf einen etwas zu kleinen Plastikstuhl gesunken. Was ist passiert?
Dieses gemeine Stuhlmonster ist einfach zusammengebrochen und seine Kanten sind so scharf gewesen, dass sie mir ein Loch in die Hose gerissen haben – und in den Po. Man hat mich ins Krankenhaus gebracht und mein Hinterteil hat mit einigen Stichen genäht werden müssen.

21 Schreibe nun Emmas Text im **Präteritum** (1. Vergangenheit) auf.

Beginne so:

Ich **war** schon ziemlich müde, trotzdem ...

Ich darf dir also nur noch im **Präteritum** erzählen, Lisa?

Nicht, wenn du mündlich erzählst, aber wenn du deine Geschichte aufschreibst, dann soll es das **Präteritum** sein. Auch wenn ich nicht deine Lehrerin bin.

22 Hier findest du weitere Sätze zu Martins Aufsatz von Seite 19.

▶ Schreibe die **Verben** (Tunwörter) im **Präteritum** (1. Vergangenheit) in die Lücken.

1. Ich habe unseren Hasen in einen Karton gesteckt.	Ich __steckte__ unseren Hasen in einen Karton.
2. Er springt immer wieder heraus.	Er _____ immer wieder heraus.
3. Einmal hat er sich hinter den Gardinen versteckt und daran geknabbert.	Einmal _____ er sich hinter den Gardinen und _____ daran.
4. Meine Mutter schimpft mich.	Meine Mutter _____ mich.
5. Eines Tages ist er im Schlafzimmer verschwunden.	Eines Tages _____ er im Schlafzimmer.
6. Wir haben ihn lange suchen müssen.	Wir _____ ihn lange suchen.
7. Schließlich hat mein Opa einen sicheren Käfig gebaut.	Schließlich _____ mein Opa einen sicheren Käfig.
8. Wir sperren Schnuppi ein.	Wir _____ Schnuppi ein.
9. Er hat uns traurig angesehen.	Er _____ uns traurig an.

Mir geht es wie Martins Schnuppi: Hier gefällt es mir gar nicht so gut.

Bereite den Höhepunkt durch Erzählschritte vor

Mit deiner Arbeit bist du jetzt schon ein gutes Stück vorangekommen:

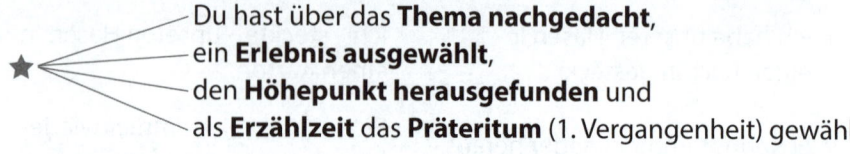

Du hast über das **Thema nachgedacht,**
ein **Erlebnis ausgewählt,**
den **Höhepunkt herausgefunden** und
als **Erzählzeit** das **Präteritum** (1. Vergangenheit) gewählt.

Natürlich darfst du nach der Einleitung nicht gleich mit dem Höhepunkt beginnen. Der Leser würde ihn dann nicht verstehen. Das kannst du am folgenden Beispiel feststellen. Es handelt sich dabei um Einleitung und Höhepunkt einer Geschichte mit der Überschrift „Ein Erlebnis in den Bergen".

Einleitung:

Im vergangenen Sommer machte ich mit meinem Vater eine Bergwanderung. Wir brachen früh auf.

Höhepunkt:

Unerwartet erhielt ich einen ziemlich schmerzhaften Stoß in meinen Rücken. Als ich mich umdrehte, merkte ich, dass mich ein Schafbock gestoßen hatte. Schon kam ein anderes Untier mit gesenktem Kopf auf mich zu. Ich drängte mehrere Schafe zur Seite, um dem Bock auszuweichen, als mich auch schon ein anderer erwischte, den ich übersehen hatte. Jetzt bekam ich Angst ...

Wenn du diesen Höhepunkt liest, wirst du dich fragen: Wie ist es zu dem „Zusammenstoß" mit dem Schafbock gekommen? Du siehst: Einen Höhepunkt muss man **vorbereiten.** Das heißt, dass man in einzelnen **Schritten erzählen** soll (= Erzählschritte), was ihm **vorausgegangen** ist.

Man muss in **Erzählschritten** zum **Höhepunkt hinführen** und so die **Handlung entfalten.** (Wichtig dabei: das Thema nie „aus den Augen verlieren".)

Auf der nächsten Seite werden die Erzählschritte zur Geschichte „Ein Erlebnis in den Bergen" zur Abwechslung einmal in **Bildern** dargestellt.

23 Wenn du dir vorstellst, du hättest die Geschichte mit den Schafen selbst erlebt, kannst du dich besser in sie hineinversetzen.

▶ Führe jetzt mit Hilfe der Bilder in 5 Erzählschritten zum Höhepunkt hin. Nummeriere die Erzählschritte, beginne so:

1. Erzählschritt: Gegen Mittag erreichten wir eine ebene Fläche mit (= Bild 1) Almwiesen.

2. Erzählschritt: Weil wir hungrig waren, ... (= Bild 2)

Der **5. Erzählschritt** bildet zugleich die **Überleitung** zum Höhepunkt:

Wir packten ein, weil die Schafe uns umzingelten und ein Bock gefährlich nahekam. **Unerwartet** erhielt ich einen ziemlich schmerzhaften Stoß in den Rücken. Als ich mich umdrehte, merkte ich, dass mich ein Schafbock gestoßen hatte ...

Sicher kannst du jetzt den Beginn des **Höhepunkts** gut verstehen. (Falls du keinen Erzählschritt vergessen hast.)

▶ Lies nun die Geschichte zu Ende.

Mit aller Kraft bahnte ich mir jetzt einen Weg durch die vielen Schafe. Aber immer wenn ich glaubte, aus dem Gewühl heraus zu sein, hatte mich die Herde schon wieder umzingelt. Das wäre alles nicht so schlimm gewesen, wenn ich mich nicht so vor den Böcken gefürchtet hätte. Schon wieder traf mich ein Stoß. Mein Vater, dem es nicht viel besser erging, rief mir zu: „Wir müssen versuchen, ihnen davonzulaufen!" Es gelang uns auch, ein wenig von den Schafen wegzukommen, aber die Herde folgte uns, als wären wir ihre Hirten. Die Tiere liefen erstaunlich schnell und bald hatten sie uns wieder eingeholt.
Zu unserem Glück war das Gelände ziemlich eben. Wir rannten, so schnell wir konnten. Ich sah mich nicht mehr um. Nur vorwärts! Als uns der Atem ausging, blieben wir hinter einem großen Felsbrocken stehen. Wir spähten vorsichtig nach hinten: Von den Schafen war nichts mehr zu sehen.
Gott sei Dank! Wir waren ihnen entkommen.

Da du jetzt die vollständige Erzählung kennst, möchte ich dir auf der nächsten Seite zeigen, wie die Erzählschritte einen Höhepunkt **verständlich** machen.

Beachte: Man muss **alles** erzählen, was für das Verstehen des Höhepunkts **notwendig** ist. Wenn **ein** Erzählschritt oder sogar **mehrere** fehlen, bleibt der Höhepunkt mehr oder weniger unklar. In der Regel sollten es nicht weniger als **3** Erzählschritte sein.

Hier findest du noch einmal die **Erzählschritte** mit den dazugehörenden Bildern:	Das sind die Erklärungen, weshalb jeder einzelne Erzählschritt für den Höhepunkt **wichtig** ist:
↓	↓

1. Vater und Sohn erreichen eine **ebene Fläche** mit Almwiesen.

→ Weil das Gelände ziemlich **eben** ist, gelingt Vater und Sohn später die **Flucht**.

2. Sie machen **Rast**.

→ Wenn die beiden **nicht** Rast gemacht hätten, wären wohl auch die **Schafe nicht** auf sie zugekommen.

3. Vater macht seinen Sohn auf eine **Schafherde** aufmerksam.

→ Hier wird zum ersten Mal vom **Wichtigsten** erzählt: von den **Schafen**.

4. Die Tiere **kommen** neugierig auf die beiden zu.

→ Wenn die Schafe nicht auf Vater und Sohn **zugekommen** wären, hätte es diesen Höhepunkt **nicht** gegeben.

5. Vater und Sohn **packen ein**, weil sie von den Schafen belästigt werden.

→ Nur weil Vater und Sohn **eingepackt** haben, können sie anschließend **fliehen**.

Julian schreibt einen Aufsatz: „Wie ich einmal nicht einschlafen konnte".
Zuerst sucht er den **Höhepunkt** seiner Geschichte. Dies ist er:

- Ruhelos wälzte ich mich im Bett von einer Seite auf die andere.
- Ich dachte an eine **Baumhütte**, die ich mit Max bauen wollte.
- Außerdem quälten mich immer wieder Bilder aus einem spannenden **Abenteuerfilm**, den ich im Fernsehen gesehen hatte.

Hier ist Julians Einleitung: Gestern besuchte mich mein Freund Max.

Dann schreibt Julian 8 **Erzählschritte** auf, mit denen er zum **Höhepunkt** hinführen möchte:

1. Zuerst planten wir, gemeinsam eine Baumhütte im Wald zu bauen.
2. Als uns langweilig wurde, spielten wir eine Stunde Monopoly.
3. Max ärgerte sich, dass ich dabei ein riesiges Vermögen gewann.
4. Gegen 4 Uhr sahen wir uns einen Abenteuerfilm im Fernsehen an.
5. In dem Film wurde gezeigt, wie ein Flugzeug im Urwald abstürzt. Die Überlebenden kämpfen sich durch die Wildnis und haben dabei schreckliche Erlebnisse mit wilden Tieren.
6. Ich freute mich, dass Max mit uns zu Abend essen durfte.
7. Ehe Max heimging, redeten wir noch einmal über die Baumhütte.
8. Es war schon 9 Uhr, als ich ins Bett ging, aber als ich mich hinlegte, merkte ich, dass ich kein bisschen müde war.

24 Lies **oben** noch einmal die drei Punkte nach, um die es im Höhepunkt geht.
Überlege dir jetzt: Welche **drei** Erzählschritte sind für das **Verständnis** des Höhepunkts **überflüssig**?
▶ Kreuze die Nummern dieser Erzählschritte an.

Man kann also nicht nur zu wenige, sondern auch **zu viele** Erzählschritte aufschreiben.
Wichtig ist: Erzählschritte sollen zielstrebig zum Höhepunkt **hin**-, aber keinesfalls vom Thema **weg**führen. Sie müssen also etwas mit dem Höhepunkt **zu tun** haben.

Neun Tipps, den Höhepunkt interessant und lesenswert zu gestalten:

Erzähle genau

Bis jetzt hast du schon viel gelernt.

Lukas, weißt du noch alles?

Aber klar: Ich habe

- über das **Thema nachgedacht**,
- **ein** Erlebnis **ausgewählt**,
- den **Höhepunkt herausgefunden**,
- das **Präteritum** (1. Vergangenheit) als Erzählzeit **gewählt**,
- in mindestens 3 **Erzählschritten** den **Höhepunkt** vorbereitet.

Der **Höhepunkt** ist also der **wichtigste** Teil der Erlebniserzählung, er ist das **Erzählziel**. Wenn er gelingt, hat sich die Mühe beim Schreiben gelohnt. Es ist gut, eine **selbst erlebte** Geschichte zu erzählen. Nur was man selbst erlebt hat, kann man auch **lebendig** darstellen – vorausgesetzt, man stellt seinem Gedächtnis ständig diese Frage:

Wie war es **genau**?

Wenn du diese **Frage** immer beachtest, gelingt dir sicher ein lebendig ausgearbeiteter **Höhepunkt**.

Benedikt schreibt einen Aufsatz zu einem Badeerlebnis.
Dies ist der Anfang:

Einleitung: Benedikt geht mit seinen Freunden Tim und Sebastian zu einem See.

Hauptteil: 1. Erzählschritt: Die Buben planschen im Wasser herum.
2. Erzählschritt: Sie spielen „Wer bekommt den Ball?" *

* Bei diesem Spiel muss jeder Mitspieler versuchen, den Ball an sich zu bringen. Wer schließlich als Erster mit dem Ball das Ufer erreicht, gewinnt das Spiel.

▶ Lies, wie Benedikt den **Höhepunkt** seiner Geschichte gestaltet hat.

Tim schwamm zu Sebastian und wollte ihm den Ball wegnehmen. Tim bekam den Ball aber nicht. Da kam ich dazu. Auf einmal ließ Sebastian den Ball los.

Benedikts Höhepunkt ist **langweilig**, weil man den **genauen** Zusammenhang nicht erfährt. Er hätte sich immer wieder die Frage stellen müssen: Wie war es **genau**? Von dieser Frage muss man ausgehen, wenn man einen Höhepunkt gut gestalten will.

25 Ein geübter Aufsatzschreiber würde sogleich merken, dass schon im ersten Satz von Benedikts Höhepunkt **Fragen** entstehen:

Tim schwamm zu Sebastian und wollte ihm den Ball wegnehmen.

Da du erst lernen sollst, wie man gute Geschichten schreibt, will ich dir vier mögliche Fragen aufschreiben.

▶ Schreibe die fehlenden Wörter in die Lücken.

1. Schwamm Tim von vorne oder von _____ an Sebastian heran?

2. Oder _____ er unter Wasser an ihn heran?

3. Wie wollte er den Ball an sich br_____?

4. Wollte er ihn Sebastian aus der Hand _____?

6 Benedikts zweiter Satz ist ungenau: Was erfährst du nicht?

Tim bekam den Ball aber nicht.

▶ Schreibe diese Frage auf.

7 Auf deine letzte Frage (Aufgabe **26**) gibt es mehrere mögliche Antworten.
▶ Denke dir **eine genaue** Antwort aus und schreibe sie auf.

8 Welche Frage entsteht bei Benedikts letztem Satz?

Auf einmal ließ Sebastian den Ball los.

▶ Schreibe diese Frage auf und überlege dir eine **genaue** Antwort dazu.

Frage: _____

Antwort: _____

9 Entwirf jetzt mit Hilfe der **Lösungen** zu den Aufgaben **27** und **28** einen
ausführlichen **Höhepunkt**. Entscheide auch, **wer** (Tim, Benedikt oder
Sebastian) schließlich den Ball gewonnen hat.
Beginne so:

Tim versuchte von hinten an Sebastian heranzuschwimmen.
Er hatte es beinahe geschafft und wollte ihm gerade den Ball
aus der Hand schlagen, da ...

Erzähle anschaulich, indem du deine fünf Sinne befragst

Du weißt schon: Wer den Höhepunkt niederschreibt, muss sich fragen: Wie war es genau? Lisa neigt nachdenklich den Kopf und sagt: „Da haben wir ja schon wieder ein Problem."

Ja, dies ist das Problem: Wie bekomme ich eine **richtige** Antwort auf die Frage: „Wie war es **genau**?"

Lukas hat Recht. Die Antwort ist, wenn man sie kennt, ziemlich einfach:

Wer **genau** (= anschaulich) erzählen will, muss **seine fünf Sinne** befragen.

30 Schreibe unter die Bilder, was man mit den **fünf** Sinnen **macht**.

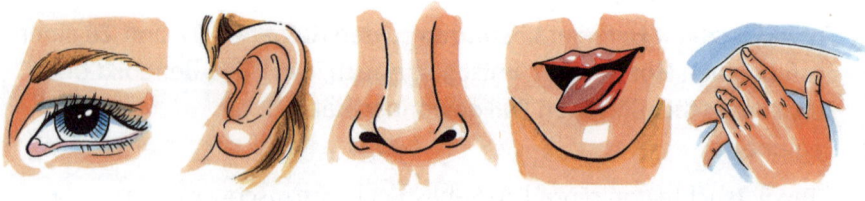

1. se_____   2. _____   3. _____   4. _____   5. _____

31 Natürlich sind bei verschiedenen Höhepunkten nicht immer alle fünf Sinne gefragt. Bei der nächsten Aufgabe wirst du üben, **die** Sinne herauszufinden, auf die es jeweils **ankommt**.

Beispiel 1: Kevin beschreibt, wie er an Silvester mit seinem Vater Knallfrösche explodieren lässt.

▶ Kreise ein, welche **Sinne** bei Kevins Silvesterspaß eine Rolle spielen.

sehen   hören   riechen   schmecken   fühlen oder tasten

32 Nun muss Kevin in Worte fassen, was er mit seinen Sinnen wahrgenommen hat.

▶ Ergänze die folgenden Satzanfänge. Das Bild kann dir dabei helfen.

Man hört , wie es

_____

_____

Man sieht

_____

_____

_____

Es riecht nach

_____

_____

33 **Beispiel 2**:

Sabine erzählt, wie sie bei einem Blindekuh-Spiel (in einem großen Zimmer) mit verbundenen Augen einen Mitspieler zu fangen versucht.

▶ Kreise ein, auf welche Sinne es beim Blindekuh-Spiel ankommt.

`sehen`   `hören`   `riechen`   `schmecken`   `fühlen` oder `tasten`

34 Versetze dich genau in Sabine!

▶ **Was** ist beim Blindekuh-Spiel alles zu **hören**? _____

_____

▶ **Was** ist zu **tasten**?_____

_____

35 **Beispiel 3**:

Michael beschreibt im Höhepunkt seines Ferienerlebnisses, wie er mit anderen Kindern in einem Feuer Kartoffeln brät und sie nachher verzehrt.

▶ Kreise mit **Hilfe** des folgenden **Bildes** ein, auf welche Sinne es ankommt.

`sehen`

`hören`

`riechen`

`schmecken`

`fühlen` oder `tasten`

6 Sieh dir das Bild auf Seite 32 noch einmal genau an.

▶ Schreibe möglichst in **mehreren** treffenden Ausdrücken auf, was du siehst, hörst usw.

sehen	Man sieht Fla
hören	Man hört es kn
riechen	Der Rauch riecht ste
schmecken	Die Kartoffeln schmecken köst
fühlen oder **tasten**	Man fühlt die Hi

Diesen **Erzählplan** hat sich Michael für seine Geschichte vom Kartoffelbraten gemacht:

1. Einleitung: Ich war in den Herbstferien ein Wochenende bei meinem Onkel auf dem Bauernhof.

2. Hauptteil:

Erzählschritte: Mit Konrad, Hanna, Marie und Jakob durfte ich auf einem großen, abgeernteten Kartoffelacker ausnahmsweise ein kleines Feuer machen.
Wir beschafften uns Kartoffeln, trockenes Holz, dürres Kraut von Kartoffelpflanzen, Papier und Zündhölzer.
Als wir alles zu einem großen Haufen geschichtet hatten, zündeten wir ihn an.

Beginn des Höhepunkts: Jetzt legten wir die Kartoffeln in die heiße Asche ...

Ehe Michael den Höhepunkt niederschreibt, denkt er darüber nach, auf **welche** der fünf Sinne es ankommt. Er macht sich jeweils Notizen dazu. (Du findest sie auf der nächsten Seite.)
Auch diese Erzählung ist ein Beispiel dafür, dass ein Höhepunkt nicht immer sehr spannend sein muss.

37 In der linken Spalte stehen Notizen, die sich Michael für den Höhepunkt gemacht hat, rechts der Beginn des ausgearbeiteten Höhepunkts.

Hier stehen die **Notizen**:		So beginnt die Niederschrift des **Höhepunkts**:
sehen	**Flamme**, **Rauch**, **Funken**	Die **Flamme** brannte nun nicht mehr so hoch, aber noch immer wirbelte der **Rauch** unzählige **Funken** in die Höhe. Mit einem Stück Holz schoben wir die **Kartoffeln** vorsichtig in die **heiße Asche**. Unsere **Hände** ...
fühlen, tasten	**Kartoffeln** in **heiße Asche**; **Hände** heiß von der Gluthitze	
riechen	manchmal vom Wind beißenden Rauch ins Gesicht geweht	
fühlen	die Folge: Husten, tränende Augen	
hören	das Knistern, Knacken, Zischen des Feuers machte Spaß	
fühlen, tasten	beim Ausscharren der Kartoffeln sich ein wenig die Finger verbrannt	
sehen	einige Kartoffeln schwarz und verkohlt, bei den anderen die Kruste entfernt	
schmecken	Kartoffeln: köstlich, mehlig, würzig	

▶ Schreibe nun den **vollständigen** Höhepunkt auf.

Verwende die wörtliche Rede

Wenn dein Aufsatz lebendig wirken soll, dann lass Personen sprechen.
Verwende die **wörtliche Rede**; also schreibe auch, was jemand **sagt**.

▶ Lies die folgenden Aufsätze bitte **laut** durch.

Eines Nachts kam meine kleine Schwester zu mir ans Bett und weckte mich. Ich fragte, was sie wolle. Sie fragte, ob ich nichts gehört hätte, so ein entsetzliches Stöhnen, wie ein weinendes Kind.
Einen Augenblick wagte ich kaum zu atmen. Doch dann erkannte ich das Geräusch. Ich sagte zu meiner Schwester, sie brauche keine Angst zu haben. Ob sie schon einmal was von Katzenmusik gehört habe? Sie verstand jedoch noch immer nicht. Ich riet ihr, einmal aus dem Fenster zu schauen, und schlief weiter.

Eines Nachts kam meine kleine Schwester zu mir ans Bett. „Laura! Laura!" Sie rüttelte an meinen Schultern. „Was hast du?" Ich richtete mich auf. „Still! Hörst du nichts? Da! Dieses entsetzliche Stöhnen, wie ein weinendes Kind. Das hört sich ja herzzerreißend an."
Einen Augenblick wagte ich kaum zu atmen. Doch dann erkannte ich das Geräusch und lachte los: „Du brauchst keine Angst zu haben! Schon mal was von Katzenmusik gehört?" „Was? Wieso?", fragte sie. „Dann sieh mal zum Fenster hinaus!", riet ich ihr, drehte mich um und schlief wieder ein.

38 Welcher Aufsatz gefällt dir besser?
▶ Schreibe kurz auf und begründe deine Meinung.

_____

_____

_____

_____

39 ▸ Lies den folgenden Aufsatz.

Kochen mit Folgen

Vor einiger Zeit durfte Lukas seiner Freundin Lisa beim Kochen helfen.
Es sollte Gemüseeintopf geben, und Lukas war gerade dabei, Kartoffeln
in kleine Würfel zu schneiden; ein kleines Küchenmesser war für diese
Arbeit gut geeignet. Als Lukas gerade etwas Wichtiges zu erzählen
hatte, passte er nicht auf, und die Schneide des Messers drang in
seinen linken Zeigefinger.
Sogleich quoll Blut aus dem ziemlich tiefen Schnitt hervor. Lukas
schrie kurz auf und hielt Lisa seinen Finger hin. Sie schaute sich die
Verletzung an, dann holte sie Verbandszeug herbei und umwickelte
den schmerzenden Finger. Erst als es nicht mehr blutete, ging es
Lukas, der kein Blut sehen kann, wieder besser.
Die Freude am Kochen war ihm für diesen Tag vergangen.

▸ Der Aufsatz wirkt nicht besonders lebendig, er hört sich fast wie ein
Bericht an. Was **fehlt**?

---

40 Sieh dir jetzt diese Bildergeschichte zu unserem Text oben an.
Die Aufgabe dazu kommt später.

▶ Schreibe in die Sprechblasen der Bildergeschichte die **wörtlichen Reden**, die in der Geschichte auf der linken Seite fehlen.

Verwende in jeder Erzählung **wörtliche Reden**. Benutze sie jedoch nicht zu oft, sonst stumpft ihre Wirkung ab.

41 In Olivias Geschichte fehlen **sechs** wörtliche Reden.
  ▸ Schreibe sie in die Lücken.

Eine freudige Überraschung

Einmal brachte Vater eine kleine, gut verschlossene Schachtel mit nach

Hause. Obwohl recht große Löcher angebracht waren, konnte ich nicht

erkennen, was sich im Inneren der Schachtel befand. Neugierig fragte

ich: (1) „_____?"

Vater wollte nichts verraten und antwortete nur: (2) „_____

_____."

Ich konnte es kaum erwarten, bis das Abendessen vorüber war, und

zerbrach mir den Kopf, was in der Schachtel sein könnte. Schließ-

lich glaubte ich, das Geheimnis herausgefunden zu haben, denn ich

wusste, dass mein Vater in einem Bastelgeschäft eingekauft hatte;

freudig rief ich: (3) „_____

_____!"

Vater schüttelte nur den Kopf und entgegnete ruhig: (4) „_____

_____!"

Endlich war das Essen vorüber. Papa überreichte mir gespielt feierlich

die Schachtel. (5) „_____

_____",

erklärte er schmunzelnd. Ich hob behutsam den Deckel, und was sah

ich?

So eine Überraschung! Einen allerliebsten Kanarienvogel, den ich mir

schon so lange gewünscht hatte. Ich fiel meinem Vater um den Hals

und sagte: (6) „_____

_____!"

Schreibe, was du fühlst und denkst

Sehr oft **sagt** man nichts, sondern **denkt** sich etwas.
Wer gut erzählt, schreibt auch über seine **Gedanken** und **Gefühle**.
Das interessiert den Leser. Er möchte ja genau **miterleben**, wie es
gewesen ist. Am liebsten will er beim Lesen in die **Rolle** des Aufsatz-
schreibers, also in deine Rolle schlüpfen, damit er ganz dabei ist. Er
will sich mit dir ärgern und freuen, mit dir lachen und traurig sein.

42 Bei der nächsten Aufgabe findest du in der **linken** Spalte sechs Sätze aus Erlebnisaufsätzen. **Rechts** daneben steht, was sich der Schreiber **gedacht** hat. Diese Gedanken passen aber **nicht** zu den Sätzen in der **linken** Spalte. Lies erst mal. Die Aufgabe kommt gleich anschließend.

Ausschnitte aus Aufsätzen	Gedanken
↓	↓
A Als ich vor das Haus trat, begann es zu schneien.	**1** Jetzt wird sie merken, dass ich keine Hausaufgabe habe.
B Janina ließ mich stehen und spielt mit den anderen Mädchen.	**2** Da können wir bald eine Schneeballschlacht machen.
C Die Lehrerin sammelte die Hefte ein.	**3** Mama wird Augen machen.
D Ruhelos wälzte ich mich im Bett von einer Seite auf die andere.	**4** Der Klügere gibt nach.
E Ich packte den Schal in schönes Geschenkpapier ein.	**5** Das ist gemein!
F Felicitas bestand eigensinnig darauf, auf meinem Platz zu sitzen.	**6** Ich dachte: „Wenn ich nur einschlafen könnte!"

▶ Ordne richtig zu. Welche **Buchstaben** und welche **Zahlen** gehören zusammen?

Ausschnitt	A	B	C	D	E	F
Gedanke						

Erlebniserzählung

4.-5. Klasse

Lösungen

Dieser Lösungsteil ist herausnehmbar!
Klammern in der Mitte des Heftes öffnen!

1   Hier stehen kurz gefasst die wichtigsten Regeln.

- Erzähle im **Präteritum** (1. Vergangenheit).
- Beantworte in der **Einleitung** die **W-Fragen**: **W**ann? **W**o? **W**er? **W**as?
- **Überlege** dir den **Höhepunkt** deiner Geschichte.
- Bereite den Höhepunkt durch **Erzählschritte** vor.
- Überlege beim Höhepunkt: Wie war es **genau**? Befrage deine fünf Sinne.
- Verwende **wörtliche Reden**.
- Schreibe auch, was du **gedacht** und **gefühlt** hast.
- Verwende **treffende Wörter**.
- Schreibe einen kurzen Schluss.

2   **Text 1** (Die hilflose alte Frau): **Ein gemeiner Streich**
Text 2 (Tommys Socken): **Ein lustiger Streich**
Text 3 (Der Aprilscherz): **Ein gelungener Streich**
Anmerkung: Der Aprilscherz ist sicher auch lustig, vor allem aber muss man ihn
als **gelungen** bezeichnen, weil Aprilscherze ja nicht immer gelingen.

3   Wie schon gesagt, kann es hier natürlich keine Lösung geben.

4

Aufsatzthema	A	B	C	D	E
Erlebnis	3	4	2	5	1

5   4) **Hilfe zur rechten Zeit!**
Diese Überschrift ist gut: Der Leser wird neugierig. Das Wesentliche ist
getroffen, und die Aussage trifft zu, denn ohne Hilfe wären die Tauben
gestorben.

Diese Überschriften passen weniger gut:
Wie ich Tauben das Fliegen beibrachte: Das ist nur die halbe Geschichte.
Eine Entdeckung auf dem Dachboden: Das Wesentliche ist nicht
getroffen, es kommt nicht auf die Entdeckung, sondern auf die Rettung
der Tiere an.
Spaß mit Tauben: Helfen macht Freude. (Fußball macht Spaß!)

6 **Ich ärgerte mich,**
weil ich eine schlechte **Note** (Nachricht) bekam;
weil mich jemand beim Lehrer **verpetzte** (verriet).

7 Dies sind nur Lösungsvorschläge. Was **dich** geärgert hat, weiß ich nicht.
Ich ärgerte mich,
weil mir meine Mitschüler einen Streich spielten;
weil ich zu Unrecht bestraft wurde;
weil ich nachsitzen musste;
weil mich die anderen auslachten;
weil der Sport- oder Zeichenunterricht (oder der Ausflug) ausfiel;
weil ich zu Hause meine Sportkleidung vergaß;
weil ich bei einer Probearbeit, beim Sportfest, bei einem Spiel Pech hatte;
weil ich beim Ausflug (bei der Faschingsfeier) krank war;
weil alle außer mir zum Schwimmen durften;
weil ich bei der Theateraufführung meinen Text nicht mehr wusste.

8 Vielleicht hast du ähnliche Überschriften gefunden:
Ein lustiges Erlebnis beim Schwimmen – Spaß mit einem tollen Computerspiel – Ein Erlebnis beim Volksfest – Beim Einkauf(en) mit meiner Mama – Meine schönste Geburtstagsparty

9 **Angst vor:** Gewitter (Blitz), Abgrund, finstere Höhle, Steinschlag (Steinlawine), Eule oder Uhu, Fledermäusen, Räuber (Dieb), Hund, Bienen, Schlange, Spinne, Maus, Sturz in einen Bach (Ertrinken)

10  Auf dem Bild konntest du nicht erkennen, dass sich das Mädchen vor dem **Schatten** seiner **Puppe** fürchtet. Dies ist also die „Fortsetzung" des Bildes auf Seite 11. Diese Lösungen sind deshalb auch richtig: Angst vor **Geistern**, vor einem **Einbrecher**, vor einem **Gewitter** usw.

11 **Zeile 7**: Ich griff in meine Anoraktasche, um die Geldbörse herauszunehmen – aber die Tasche war leer.
Bereits an dieser Stelle entsteht **Spannung**. Die **Geldbörse** ist verschwunden, und man wird sich von nun an fragen: **Wo** ist sie geblieben? Wird Katharina sie wiederfinden?
Vielleicht hast du diesen Satz aufgeschrieben: „Ich schaute in meine Einkaufstasche: auch da keine Geldbörse." Das ist nicht ganz falsch, aber ein wenig ungenau.

12 **Zeile 22:** Als ich merkte, dass du deine Geldbörse vergessen hattest, warst du leider schon weg.
Bis zu diesem Satz ist der Leser gespannt, wo die Geldbörse geblieben ist; jetzt erfährt er es. Die **Spannung löst sich**.

13 Der **7.** und der **8. Satz** stellen den **Höhepunkt** dar.
Der **6. Satz** ist falsch. Er ist nur die **Voraussetzung** für den Höhepunkt (Michelle sitzt auf dem Rad, sonst könnte sie später nicht stürzen).
Auch der **9. Satz** gehört nicht zum Höhepunkt. Er erzählt die **Folge** des Höhepunkts („schadenfrohes" Gelächter der Mitschüler).

14 Jan hat den **7.** Stichpunkt in seiner Erzählung nicht ausgeführt.
Der ist nun gerade der wichtigste; denn als der Arzt seinen Koffer öffnet, entsteht **Spannung**. Jans Angst steigert sich so sehr, dass er unter die Bettdecke kriecht. Dies ist der **Höhepunk**t.
Im **8.** Satz löst sich die Spannung. Jan beruhigt sich, weil er feststellt, dass der Arzt nur ein Medikament verordnet.

15 So ähnlich könntest du den **Höhepunkt** aufgeschrieben haben:

... Ich fürchte nichts so sehr wie eine Spritze. Wenn ich mir dieses Marterwerkzeug bloß vorstelle, wird mir schon schlecht. Verängstigt zog ich die Bettdecke über meinen Kopf und wünschte mir, dass alles nur ein Traum sei. Als längere Zeit nichts geschah, riskierte ich einen Blick unter der Decke hervor. Wie war ich erleichtert, als ich sah, dass der Arzt auf seinen Rezeptblock schrieb. Plötzlich sah die Welt trotz meiner Krankheit wieder rosig aus und es ging mir schon ein wenig besser.

16 **Wann** spielt die Geschichte? → in den **letzten Weihnachtsferien**
Wer kommt vor? → die **Großeltern, Lukas,** der **Erzähler** (= Bastian)
Wo spielt die Geschichte? → bei den Großeltern im **Erzgebirge**
Was wird erzählt? → etwas **Lustiges**, es gibt **Neuschnee**, eine
Schneeburg wird **gebaut**

17 Die W-Frage **wer**? wird nur **ungenau** beantwortet. Man weiß nicht,
welche Personen mit „**wir**" gemeint sind. Richtig müsste es zum Beispiel
heißen: Mein **Freund Leon** und **ich** holten unsere Drachen heraus ...

18 Dies ist eine Lösungsmöglichkeit für eine Einleitung:

In der letzten Sportstunde wurden Jasmin, Sarah und ich von
unserem Sportlehrer zum Aufräumen der Bodenmatten eingeteilt.
Wir hatten allerdings überhaupt keine Lust, die schweren Matten
auf den Wagen zu heben.

19 Lösungsmöglichkeit:

„Ist das schwül heute", stöhnte (treffender als „sagte") mein Bruder
Paul. Es war ein heißer Julitag, und wir machten mit unseren Eltern
im Fichtelgebirge eine Wanderung.

20 Der **2. Text** steht in der richtigen Zeitstufe. Für schriftliche Erzählungen
ist das Präteritum (1. Vergangenheit) üblich. Nicht nur in der Schule.

21 Ich **war** schon ziemlich müde, trotzdem **machte** ich meinem kleinen
Bruder eine Freude und **ging** mit ihm in einen Spielzeugladen.
Erschöpft **sank** ich auf einen etwas zu kleinen Plastikstuhl. Was
passierte? Dieses gemeine Stuhlmonster **brach** einfach **zusammen**
und seine Kanten **waren** so scharf, dass sie mir ein Loch in die Hose
rissen – und in den Po. Man **brachte** mich ins Krankenhaus und
mein Hinterteil **musste** mit einigen Stichen genäht werden.

22 2. Er **sprang** immer wieder heraus.
3. Einmal **versteckte** er sich hinter den Gardinen und **knabberte** daran.
4. Meine Mutter **schimpfte** mich.
5. Eines Tages **verschwand** er im Schlafzimmer.
6. Wir **mussten** ihn lange suchen.
7. Schließlich **baute** mein Opa einen sicheren Käfig.
8. Wir **sperrten** Schnuppi ein.
9. Er **sah** uns traurig an.

23 Hast du die restlichen **4 Erzählschritte** so ähnlich aufgeschrieben?

> **2.** Weil wir hungrig waren, setzten wir uns auf einen Stein, aßen und tranken etwas. (Oder: Weil wir hungrig waren, machten wir Rast.)
> **3.** Vater machte mich auf eine Schafherde aufmerksam, die in der Nähe graste. (Oder: Vater zeigte auf eine Schafherde in der Nähe.)
> **4.** Auf einmal kamen die Tiere neugierig zu uns heran.
> **5.** Wir packten ein, weil die Schafe uns umzingelten und ein Bock gefährlich nahekam. (… und ein Bock mich gestoßen hatte.)

24 Die **Erzählschritte 2 – 3 – 6** sind überflüssig.
Julian konnte wegen des **Baumhüttenplans** (Erzählschritte **1**, **7**) und des **aufregenden Films** (Erzählschritte **4**, **5**) nicht einschlafen. Erzählschritt **8** bereitet den Höhepunkt unmittelbar vor.
Das Monopoly-Spiel sowie das Abendessen mit Max spielen für den Höhepunkt **keine Rolle**.

25 1. Schwamm Tim von vorne oder von **hinten** an Sebastian heran?
2. Oder **tauchte** (**schwamm**) er unter Wasser an ihn heran?
3. Wie wollte er den Ball an sich **bringen**?
4. Wollte er ihn Sebastian aus der Hand **schlagen** (**reißen**, **nehmen**)?

26 Warum bekam Tim den Ball nicht?

27 Hier werden **zwei** Möglichkeiten von vielen beschrieben, weshalb Tim den Ball nicht bekommen konnte:

1. Sebastian hielt den Ball mit einer Hand umklammert und schwamm davon. Tim schwamm, so schnell er konnte, hinter ihm her. Obwohl Sebastian nur eine Hand frei hatte, gelang es Tim nicht, ihn einzuholen.

2. Tim wollte Sebastian den Ball aus der Hand reißen. Aber immer, wenn er auf ihn zuschwamm, spritzte ihm Sebastian mit seiner freien Hand eine Ladung Wasser ins Gesicht, sodass Tim nicht an den Ball herankam.

28 Frage: **Warum** ließ Sebastian den Ball los?

Mögliche Antwort: Um an den Ball zu kommen, tauchte Tim Sebastian unter, wobei dieser Wasser schluckte und den Ball losließ.

29 ... da bemerkte Sebastian seine Absicht und warf den Ball einige Meter von sich. Beide schwammen nun auf den Ball zu, doch Sebastian war schneller, und jedes Mal, wenn Tim nach dem Ball greifen wollte, spritzte ihm Sebastian eine Ladung Wasser ins Gesicht. Inzwischen schwamm ich unbemerkt von hinten an die beiden heran. Sebastian passte einen Augenblick nicht auf, da tauchte Tim ihn unter. Sebastian schluckte Wasser; er hustete, schlug um sich und schnappte nach Luft, dabei musste er den Ball loslassen. Tim war zu langsam, so packte ich blitzschnell den Ball, schwamm ans Ufer und war Sieger.

30 1. **sehen** 2. **hören** 3. **riechen** 4. **schmecken** 5. **fühlen** (tasten)

31 (**sehen**) (**hören**) (**riechen**) **schmecken** **fühlen oder tasten**

32 Man **hört**, wie es **kracht, knallt, prasselt, ballert** und **zischt**.
Man **sieht** die **brennende Zündschnur, Funken**, etwas **Pulverdampf**.
Man **sieht** die **Knallfrösche hüpfen**.
Es **riecht** nach **Rauch, Pulver, Schwefel**.

33 sehen  riechen schmecken fühlen oder tasten

34 Man **hört** die **Stimmen** der **Mitspieler**, wie sie **kichern**, **lachen**, **reden**. Auch gibt es **Geräusche**, die **Sabine** oder die **Mitspieler** verursachen: die Geräusche von **Schritten**, oder wenn man an etwas **anstößt**. Beim Suchen **tastet** man mit den Händen nach **Mitspielern** und **Hindernissen**.

35 Diesmal musstest du **alles** einkreisen, weil es auf **alle Sinne** ankommt:

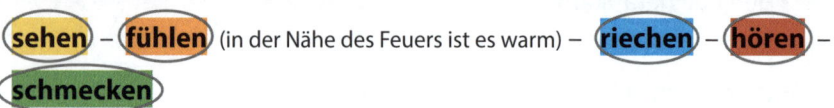

sehen – fühlen (in der Nähe des Feuers ist es warm) – riechen – hören – schmecken

36 Hast du viele treffende Ausdrücke gefunden?

sehen	Man sieht **Flammen**, **Glut**, **Funken**, **Rauch**, **Kartoffeln**.
hören	Man hört es **knistern**, **knacken**, **zischen**.
riechen	Der Rauch riecht **stechend**, **beißend**, **scharf**, **würzig**.
schmecken	Die Kartoffeln schmecken **köstlich**, **mehlig**, **würzig**.
fühlen oder **tasten**	Man fühlt die **Hitze**, **heiße Asche**. Man spürt es, wenn man sich **ein wenig die Finger verbrennt**.

37 Die Wörter, die den Notizen entnommen wurden, sind **fett** gedruckt.

Unsere **Hände** wurden **heiß** von der **Gluthitze**, die uns entgegenstrahlte. Manchmal drehte sich der Wind ein wenig, dann schlug uns **beißender Rauch** ins Gesicht. Dabei mussten wir entsetzlich **husten**, und unsere **Augen tränten**. Sonst aber fühlten wir uns wohl und es machte uns Spaß, dem **Knistern** des Feuers zuzuhören. Nach einer halben Stunde scharrten wir die ersten Kartoffeln aus der Asche. Wir **verbrannten** uns dabei ein wenig die Finger. Manche Kartoffeln waren **schwarz** und **verkohlt**. Bei den anderen entfernten wir die harte Kruste und wir wurden mit **köstlichen** Kartoffeln belohnt. Sie schmeckten **mehlig** und **würzig**, sie zergingen fast auf der Zunge.

Gesamtübersicht
Lernen · Üben · Fördern

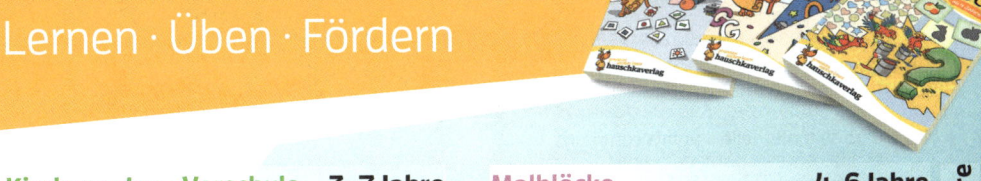

Kindergarten · Vorschule   3-7 Jahre

616 Kindergartenblock – Meine ersten
Rätsel und Denkspiele ab 3 Jahre
978-3-88100-616-3 | 5,90 EUR | A5-Block

619 Kindergartenblock – Gemeinsamkeiten
und Unterschiede ab 4 Jahre
978-3-88100-619-4 | 5,90 EUR | A5-Block

620 Kindergartenblock – Das kann ich schon!
ab 4 Jahre
978-3-88100-620-0 | 5,90 EUR | A5-Block

621 Kindergartenblock – Formen, Farben,
Fehler finden ab 4 Jahre
978-3-88100-621-7 | 5,90 EUR | A5-Block

622 Kindergartenblock – Verbinden,
vergleichen, Fehler finden ab 4 Jahre
978-3-88100-622-4 | 5,90 EUR | A5-Block

618 Vorschulblock – Schneiden,
kleben, basteln ab 5 Jahre
978-3-88100-618-7 | 5,90 EUR | A5-Block

623 Vorschulblock – Konzentration und
Wahrnehmung ab 5 Jahre
978-3-88100-623-1 | 5,90 EUR | A5-Block

624 Vorschulblock – Logisches Denken,
rätseln und knobeln ab 5 Jahre
978-3-88100-624-8 | 5,90 EUR | A5-Block

625 Vorschulblock – Fit zum Schuleintritt ab 5 J.
978-3-88100-625-5 | 5,90 EUR | A5-Block

626 Vorschulblock – Schwungübungen ab 5 J.
978-3-88100-626-2 | 5,90 EUR | A5-Block

627 Vorschulblock – Zahlen und Mengen ab 5 J.
978-3-88100-627-9 | 5,90 EUR | A5-Block

628 Vorschulblock – Buchstaben u. Laute ab 5 J.
978-3-88100-628-6 | 5,90 EUR | A5-Block

611 Vorschule: Schulreife fördern
978-3-88100-611-8 | 4,90 EUR | A5-Heft

612 Vorschule: Sprache entdecken
978-3-88100-612-5 | 4,90 EUR | A5-Heft

613 Vorschule: Zahlen entdecken
978-3-88100-613-2 | 4,90 EUR | A5-Heft

614 Vorschule: Unsere vier Jahreszeiten
978-3-88100-614-9 | 2,90 EUR | A5-Heft

615 Vorschule: Rund um meinen Körper
978-3-88100-615-6 | 2,90 EUR | A5-Heft

Malblöcke   4-6 Jahre

601 Malblock – Indianer, Ritter und Piraten
978-3-88100-601-9 | 4,90 EUR | A5-Block

602 Malblock – Märchen und Zauberei
978-3-88100-602-6 | 4,90 EUR | A5-Block

603 Malblock – Notarzt, Polizei und Feuerwehr
978-3-88100-603-3 | 4,90 EUR | A5-Block

604 Malblock – Ponys und Pferde
978-3-88100-604-0 | 4,90 EUR | A5-Block

605 Malblock – Tiere im Zoo
978-3-88100-605-7 | 4,90 EUR | A5-Block

Rätselblöcke   4-10 Jahre

642 Rätselblock ab 4 Jahre, Band 1
978-3-88100-642-2 | 5,90 EUR | A5-Block

630 Rätselblock ab 5 Jahre, Band 1
978-3-88100-630-9 | 5,90 EUR | A5-Block

636 Rätselblock ab 5 Jahre, Band 2
978-3-88100-636-1 | 5,90 EUR | A5-Block

631 Rätselblock ab 6 Jahre, Band 1
978-3-88100-631-6 | 5,90 EUR | A5-Block

637 Rätselblock ab 6 Jahre, Band 2
978-3-88100-637-8 | 5,90 EUR | A5-Block

632 Rätselblock ab 7 Jahre, Band 1
978-3-88100-632-3 | 5,90 EUR | A5-Block

638 Rätselblock ab 7 Jahre, Band 2
978-3-88100-638-5 | 5,90 EUR | A5-Block

633 Rätselblock ab 8 Jahre, Band 1
978-3-88100-633-0 | 5,90 EUR | A5-Block

639 Rätselblock ab 8 Jahre, Band 2
978-3-88100-639-2 | 5,90 EUR | A5-Block

634 Rätselblock ab 9 Jahre, Band 1
978-3-88100-634-7 | 5,90 EUR | A5-Block

640 Rätselblock ab 9 Jahre, Band 2
978-3-88100-640-8 | 5,90 EUR | A5-Block

635 Rätselblock ab 10 Jahre
978-3-88100-635-4 | 5,90 EUR | A5-Block

Unsere Rätselblöcke gibt es jetzt auch auf Englisch und Französisch!   5-7 Jahre

École maternelle · Preschool 4-7 ans · years

760 Bloc de maternelle – Je sais déjà faire tout ça ! À partir de 4 ans
978-3-88100-760-3 | 5,90 EUR | A5-Block

761 Bloc de maternelle – Relier, comparer, trouver des erreurs à partir de 4 ans
978-3-88100-761-0 | 5,90 EUR | A5-Block

767 Bloc de maternelle – Points communs et différences à partir de 4 ans
978-3-88100-767-2 | 5,90 EUR | A5-Block

768 Bloc de maternelle – Trouver des formes, des couleurs, des erreurs à partir de 4 ans
978-3-88100-768-9 | 5,90 EUR | A5-Block

762 Bloc de maternelle – Pensée logique, devinettes et réflexion à partir de 5 ans
978-3-88100-762-7 | 5,90 EUR | A5-Block

763 Bloc de maternelle – Chiffres et quantités à partir de 5 ans
978-3-88100-763-4 | 5,90 EUR | A5-Block

764 Bloc de maternelle – Concentration et perception à partir de 5 ans
978-3-88100-764-1 | 5,90 EUR | A5-Block

765 Bloc de maternelle – Découper, coller, bricoler à partir de 5 ans
978-3-88100-765-8 | 5,90 EUR | A5-Block

766 Bloc de maternelle – Exercices de courbes à partir de 5 ans
978-3-88100-766-5 | 5,90 EUR | A5-Block

730 Preschool block – I can do that! 4 y. and up
978-3-88100-730-6 | 5,90 EUR | A5-Block

731 Preschool block – Comparing, connecting, finding errors – 4 years and up
978-3-88100-731-3 | 5,90 EUR | A5-Block

737 Preschool block – Similarities and differences – 4 years and up
978-3-88100-737-5 | 5,90 EUR | A5-Block

738 Preschool block – Shapes, colours, finding mistakes – 4 years and up
978-3-88100-738-2 | 5,90 EUR | A5-Block

732 Preschool block – Logical thinking, solving puzzles and tasks – 5 years and up
978-3-88100-732-0 | 5,90 EUR | A5-Block

733 Preschool block – Numbers and quantities – 5 years and up
978-3-88100-733-7 | 5,90 EUR | A5-Block

734 Preschool block – Concentration and perception – 5 years and up
978-3-88100-734-4 | 5,90 EUR | A5-Block

735 Preschool block – Cutting, sticking, creative work – 5 years and up
978-3-88100-735-1 | 5,90 EUR | A5-Block

736 Preschool block – Handwriting exercises – 5 years and up
978-3-88100-736-8 | 5,90 EUR | A5-Block

1. Klasse   Mathematik und Deutsch

651 Mathe auf dem Bauernhof 1. Klasse
978-3-88100-651-4 | 7,90 EUR | A5-Heft

71 Mathe trainieren 1. Klasse
978-3-88100-071-0 | 7,90 EUR | A5-Heft

431 Mein Übungsheft Rechnen – 1. Klasse
978-3-88100-431-2 | 5,90 EUR | A5-Heft

81 Tests in Mathe – Lernzielkontr. 1. Klasse
978-3-88100-181-6 | 11,90 EUR | A4-Heft

661 Quer durch die 1. Klasse, Mathe u. Deutsch
978-3-88100-661-3 | 7,90 EUR | A5-Block

660 Quer durch die 1. Klasse, Lesen üben
978-3-88100-660-6 | 7,90 EUR | A5-Block

271 Besser lesen 1. Klasse
978-3-88100-271-4 | 7,90 EUR | A5-Heft

471 Mein Übungsheft Lesen – 1. Klasse: Vom Wort zum Satz
978-3-88100-471-8 | 5,90 EUR | A5-Heft

472 Mein Übungsheft Lesen – 1. Klasse: Vom Satz zum Text
978-3-88100-472-5 | 5,90 EUR | A5-Heft

501 Erstleseblock – In der Schule ist was los!
978-3-88100-501-2 | 6,90 EUR | A5-Block

502 Erstleseblock – Sommer, Ferien, Sonnenschein
978-3-88100-502-9 | 6,90 EUR | A5-Block

503 Erstleseblock – Tiergeschichten
978-3-88100-503-6 | 6,90 EUR | A5-Block

504 Erstleseblock – Sportlich, sportlich!
978-3-88100-504-3 | 6,90 EUR | A5-Block

505 Erstleseblock – Die Welt entdecken
978-3-88100-505-0 | 6,90 EUR | A5-Block

506 Erstleseblock – Quer durchs Jahr
978-3-88100-506-7 | 6,90 EUR | A5-Block

659 Quer durch die 1. Klasse, Richtig schreiben
978-3-88100-659-0 | 7,90 EUR | A5-Block

251 Rechtschreiben 1. Klasse
978-3-88100-251-6 | 7,90 EUR | A5-Heft

451 Mein Übungsheft Rechtschreiben – 1. Klasse
978-3-88100-451-0 | 5,90 EUR | A5-Heft

212 Grammatik 1./2. Klasse
978-3-88100-212-7 | 7,90 EUR | A5-Heft

281 Tests in Deutsch – Lernzielkontr. 1. Klasse
978-3-88100-281-3 | 11,90 EUR | A4-Heft

von Pädagog:innen empfohlen!

2,90 EUR [D] | 3,00 EUR [A] | 3,50 CHF · 4,90 EUR [D] | 5,00 EUR [A] | 5,90 CHF · 5,90 EUR [D] | 6,10 EUR [A] | 7,10 CHF
6,90 EUR [D] | 7,10 EUR [A] | 8,30 CHF · 7,90 EUR [D] | 8,10 EUR [A] | 9,50 CHF · 11,90 EUR [D] | 12,20 EUR [A] | 14,30 CHF

gemeinsam wachsen lernen

hauschkaverlag

Lilienthalstr.1 · 82178 Puchheim · hauschkaverlag.de

38 Sicherlich gefällt dir der **zweite Aufsatz** besser. Er wirkt **lebendiger** und **spannender**, weil die **wörtliche Rede** verwendet wird.

39 Es fehlt die **wörtliche Rede**.

40 Hier gibt es natürlich **mehrere** richtige Lösungen. Vorschläge:

Bild **2** „Auweh! Lisa, komm schnell, ich habe mich geschnitten!"

Bild **3** „Halb so schlimm! Ich verbinde den Finger, und dir geht's gleich besser."

Bild **4** „Gerettet! Du bist ein Engel! Aber kochen will ich heute nicht mehr!"

41 Hier findest du Vorschläge für wörtliche Reden. In den Sätzen (4) – (6) stehen in den Klammern weitere Lösungsmöglichkeiten.

(**1**) „Papa, was ist denn in der Schachtel drin?"
(**2**) „Das sage ich dir nach dem Abendessen."
(**3**) „Sicher ist in der Schachtel etwas zum Basteln!"
(**4**) „Falsch geraten!" („Das erfährst du noch früh genug!")
(**5**) „So, jetzt darfst du sie öffnen." („Das ist ein Geschenk für dich.")
(**6**) „Vielen Dank, Papa!" („Die Überraschung ist dir gelungen.")

42

Ausschnitt	A	B	C	D	E	F
Gedanke	2	5	1	6	3	4

43 2. Ich **freute** mich: „Das wird sie sein!" („Jetzt kommt sie endlich.")
3. Ich war **traurig**: „Das Spiel werden wir verlieren."
   Ich war **aufgeregt**: „Hoffentlich schießen wir noch ein Tor!"
4. Ich dachte **dankbar**: „Das ist nett von ihm!" („Das ist ein Freund.")

44 Ich habe solche Angst, eine schlechte Note zu bekommen. Ich brauche mindestens eine Vier, damit ich keine Fünf im Zeugnis bekomme. Aber meine Lehrerin will die Aufsätze anscheinend nie mehr herausgeben. Wenn nur für meine Eltern die Noten nicht so wichtig wären!

45 Es läutete an der Wohnungstür. Als ich öffnete, stand Sarah vor mir. „Kommst du mit mir spielen?", <u>sagte</u> sie. „Ach, ich habe jetzt eigentlich keine Lust", <u>sagte</u> ich. „Bitte geh doch mit!", <u>sagte</u> Sarah. Schließlich gab ich nach.

46 „Kommst du mit mir spielen?", **fragte** sie. „Ach, ich habe jetzt eigentlich keine Lust", **antwortete** (**erwiderte**) ich. „Bitte geh doch mit!", **bettelte** Sarah.

47 **1**. murmeln, tuscheln **3**. fragen, sich erkundigen **5**. klagen, jammern
2. prahlen, angeben **4**. schimpfen, tadeln

48 1. „Wo liegt der Bahnhof?", **erkundigte** er sich.
2. Michael **jammerte**: „Mein Arm schmerzt."
3. „Ich spiele Tennis besser als ihr alle", **prahlte** Tom.
4. „Jetzt mag ich erst recht nicht!", **murmelte** Julia, aber so, dass es ihr Vater nicht hören konnte.
5. „Du hast wieder nicht aufgeräumt!", **schimpfte** Mutter.

49

stockfinster – dunkel – dämmerig – hell – sonnenhell

50 still – leise – geräuschvoll – lärmend – ohrenbetäubend

51 1 **glühend heiß** 2 **kalt** 3 **warm** 4 **heiß** 5 **frisch** 6 **eisig**

52

eisig	kalt	frisch	warm	heiß	glühend heiß

53 breit – **schmal**   rau – **glatt (weich)**   kostbar – **wertlos**
stumpf – **spitz**   eng – **weit**   unerwünscht – **willkommen**

54 Das Pferd **trabt** (**galoppiert**) durch den Wald. Die Schlange **kriecht** (**schlängelt sich, gleitet**) über die Steine. Eine Ente **watschelt** über den Hof. Die junge Amsel **flattert** (**schlägt**) ängstlich mit den Flügeln. Das Wiesel **schlüpft** durch den Zaun. Ein Storch **stelzt** (**stakt, watet**) durch den Sumpf. Die Eidechse **huscht** in das Gestrüpp.

55 Der Drachen **hing** (**stand, schwebte, flog**) hoch in der Luft.
Ein Motorrad **ratterte** (**raste**) vorbei.
Leg die Wäsche in den Schrank.
Stell die Blumen in die Vase.

56 Lebewesen – Tier – Säugetier – Hund – Pudel
Pflanze – Blume – Wildblume – Veilchen

57

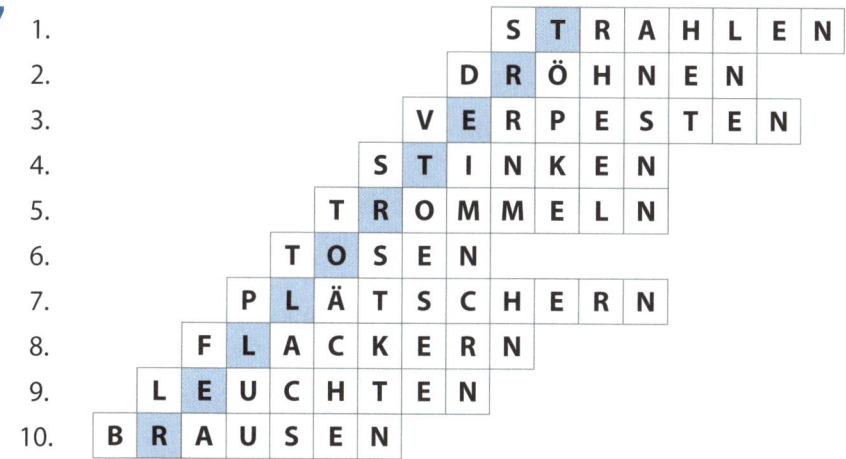

1.					S	T	R	A	H	L	E	N
2.				D	R	Ö	H	N	E	N
3.			V	E	R	P	E	S	T	E	N
4.		S	T	I	N	K	E	N
5.	T	R	O	M	M	E	L	N
6.	T	O	S	E	N
7.	P	L	Ä	T	S	C	H	E	R	N
8.	F	L	A	C	K	E	R	N
9.	L	E	U	C	H	T	E	N
10.	B	R	A	U	S	E	N

Das Fortbewegungsmittel ist der **Tretroller**.

58 **Noch immer** irrten wir durch den Wald.

59 **Hellwach** lag ich in meinem Bett.

60 **Mit großer Aufregung** wartete ich auf das Untersuchungsergebnis.

61 Da klingelte das Telefon. Lisa war dran: „Ruf mich an, **wenn** du mit deiner Arbeit fertig bist. Ich komme dir bis zum Supermarkt entgegen." Michelle packte noch ihre Schultasche für den nächsten Tag, **ehe** sie ihre Freundin Lisa zurückrief. Dann machte sie sich auf den Weg. Wie gewöhnlich fuhr sie mit dem Roller, **während** Lisa das Rad benutzte. **Als** sie beim Treffpunkt waren, fragte Lisa: „Kaufen wir uns ein Eis?" „Ich muss verzichten", sagte Michelle, „**weil** ich kein Taschengeld mehr habe." Lisa löste das Problem, **indem** sie für ihre Freundin bezahlte.

62 „Wir könnten doch am Sonntag einen Ausflug machen, **falls** das Wetter schön bleibt", schlug Lisa vor. Michelle stimmte zu, **obwohl** sie am Wochenende eigentlich für eine Probearbeit lernen wollte. „Du hast Recht. Man muss etwas unternehmen, **solange** Sommer ist." Die Mädchen hatten viel Spaß, **sodass** der Nachmittag wie im Flug verging. „Mir ist, als hätte mein Handy geklingelt", sagte Lisa, **als** beide gerade laut lachen mussten. Mama wollte, dass sie gleich heimkam.

63 Nachdem / **als** / sobald / sowie Herr Müller gegessen hatte, machte er einen Spaziergang.
Ehe / **bevor** Thomas anrief, räumte er seinen Schreibtisch auf.
Wenn / **falls** / sofern /solange das Wetter schön bleibt, wandern wir.
Michelle bettelte, aber / **doch** / jedoch Lisa wollte nicht.
Max konnte nicht mitspielen, weil / **da** er krank war.

64 1. Der kleine Pumfi erschrak furchtbar, wenn / **als** / **weil** / **sooft** / **denn** es donnerte.

2. Sobald / **als** / **weil** / **wenn** / **sowie** / **sooft** die Lehrerin den kleinen Pumfi schimpfte, fiel ihm gar nichts mehr ein.

3. Obwohl / **obgleich** / **wenngleich** der kleine Pumfi eine Nervensäge war, mochten ihn alle Kinder gerne.

4. Pumfi darf beim Fußballspiel mitmachen, wenn / **falls** / **sofern** / **sobald** / **sowie** er sich an die Regeln hält.

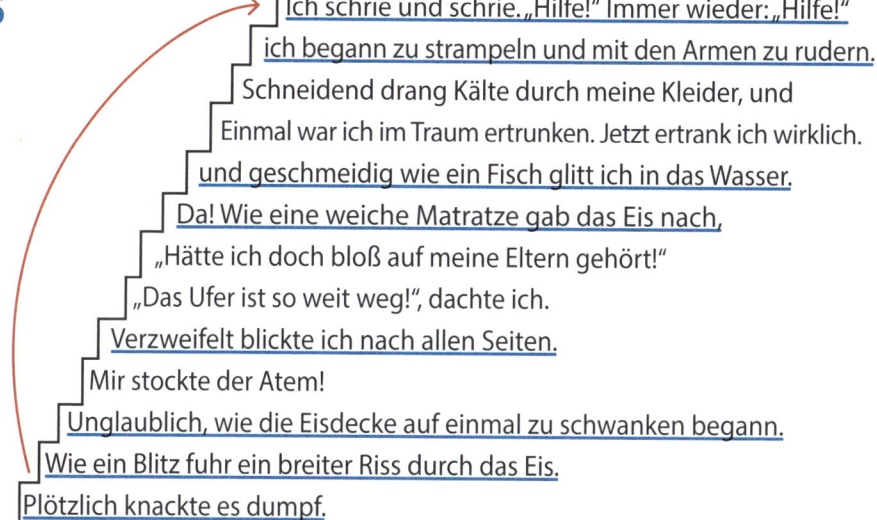

Ich schrie und schrie. „Hilfe!" Immer wieder: „Hilfe!"

ich begann zu strampeln und mit den Armen zu rudern.

Schneidend drang Kälte durch meine Kleider, und

Einmal war ich im Traum ertrunken. Jetzt ertrank ich wirklich.

und geschmeidig wie ein Fisch glitt ich in das Wasser.

Da! Wie eine weiche Matratze gab das Eis nach,

„Hätte ich doch bloß auf meine Eltern gehört!"

„Das Ufer ist so weit weg!", dachte ich.

Verzweifelt blickte ich nach allen Seiten.

Mir stockte der Atem!

Unglaublich, wie die Eisdecke auf einmal zu schwanken begann.

Wie ein Blitz fuhr ein breiter Riss durch das Eis.

Plötzlich knackte es dumpf.

66 **Plötzlich** knackte es dumpf. **Unglaublich**, wie die Eisdecke auf einmal zu schwanken begann.

67 Wie ein Blitz fuhr ein breiter Riss durch das Eis.

68 Wie eine weiche Matratze gab das Eis nach, und geschmeidig wie ein Fisch glitt ich in das Wasser.

69 Mir stockte der Atem! Verzweifelt blickte ich um mich. „Das Ufer ist so weit weg!", dachte ich.

70 Rex **bellte** und **bellte**.   Der Ballon stieg **höher** und **höher**.

71 **stur** wie ein **Esel**
schimpfen wie ein **Rohrspatz**
weich wie **Butter**
schnell wie ein **Pfeil**

72

Verben einsetzen	Bedeutung zuordnen
auf die leichte Schulter **nehmen**	**leichtfertig sein**
die Zeit **totschlagen**	**sich langweilen**
ins Herz **schließen**	**lieb gewinnen**
im Dunkeln **tappen**	**sich nicht auskennen**
aus allen Wolken **fallen**	**überrascht sein**

73 a) „Wage es nicht, näher (in den Garten) zu kommen
(mein Grundstück zu betreten)!"

b) „Hilf mir, ehe ich verdurste und verhungere!"

74 a) ... doch der Mond blickte **freundlich** auf mich herab und zeigte mir
den Weg (nach Hause).

b) ...**wegblasen** (durch die Luft zur Schule tragen, antreiben).

75 a) ... in meine Haut zu stechen (mich zu pieksen, zu stechen).
b) „Mich wirst du nicht bezwingen." („Über mich springst du nicht.")
c) „Ich gehöre dir nicht, ich gehöre dir nicht." („Gib mich zurück!")
d) ... drohend öffnete und wieder schloss.
  ... mich auf einmal scharf und durchdringend an.
e) ... hätte sie schon lange auf mich gewartet.
  (... als wäre nichts gewesen.)

76 Beispiel: In den Sommerferien fahre ich wieder zu Oma aufs Land.

77 Lösungsmöglichkeit mit einem **Ausblick** auf die **Zukunft**:
Wäre der Fernseher nicht kaputtgegangen, hätte ich das Buch bis
heute nicht gelesen. Jetzt aber kann ich es kaum erwarten, bis mir
meine Eltern ein neues Buch schenken. Ich denke, ich werde noch
viele Bücher lesen

78 Wie schön ist es, **wenn man so gute Freundinnen hat.**

79 Lösungsmöglichkeit mit einer **allgemeinen Schlussbemerkung**:
Wir waren froh, dass alles so gut gegangen war, weil wir den Rat des Hüttenwirts befolgt hatten. Ich wusste nun, dass man im Gebirge den Rat von Einheimischen beachten soll.

80 <u>Einmal</u> machte <u>ich mit meinem Rauhaardackel Waldi</u> einen <u>Spaziergang</u> im <u>Stadtpark</u>.
Nach einer Weile ließ ich Waldi ohne Leine neben mir herlaufen, denn er gehorcht recht gut. Plötzlich sauste er jedoch in der Nähe eines kleinen Wäldchens davon. <u>„Waldi, hierher! Komm sofort zurück!"</u>, rief ich. Doch ich konnte rufen, so viel ich wollte, der Hund hörte nicht und rannte weiter, bis er im Wäldchen verschwunden war. Ratlos stand ich da und überlegte: <u>„Was soll ich bloß tun?"</u>
Schließlich lief ich in die Richtung, in der er verschwunden war. Auf einmal ertönte lautes Bellen, und Waldi kehrte keuchend zurück. <u>„Du Ausreißer"</u>, schimpfte ich, legte ihm die Leine an und wollte mich auf den Heimweg machen. Mein Hund aber zog genau in die andere Richtung. <u>„Was willst du denn?"</u>, fragte ich verwundert und folgte ihm widerwillig. Er zerrte mich in das kleine Wäldchen, immer tiefer hinein, bis wir zu einer Lichtung kamen.
Da – ein jämmerliches Weinen! <u>„Oh Schreck, was ist das?"</u>, dachte ich. Jetzt entdeckte ich eine Gestalt, die unter einer Buche kauerte. Schnell rannte ich hin und sah einen Jungen in meinem Alter. <u>„Was ist passiert?"</u>, fragte ich erschrocken. Schluchzend antwortete er: <u>„Ich bin auf den Baum geklettert und ausgerutscht. Beim Sturz habe ich mich am Fuß verletzt. Leider funktioniert mein Handy hier nicht."</u>
Ich schaute auf mein Telefon. Auch ich hatte kein Netz. <u>„Versuche zu gehen, ich stütze dich"</u>, schlug ich vor. Der Junge ...
<u>Es ist schon erstaunlich, wie klug Tiere manchmal sind.</u>

81 „Was willst du denn?", fragte ich verwundert und folgte ihm widerwillig. Er zerrte mich in das kleine Wäldchen, immer tiefer hinein, bis wir zu einer Lichtung kamen.
Da – ein jämmerliches Weinen! „Oh Schreck, was ist das?", dachte ich. Jetzt entdeckte ich eine Gestalt, die unter einer Buche kauerte. Schnell rannte ich hin und sah einen Jungen in meinem Alter. „Was ist passiert?", fragte ich erschrocken. Schluchzend antwortete er: „Ich bin auf den Baum geklettert und ausgerutscht. Beim Sturz habe ich mich am Fuß verletzt. Leider funktioniert mein Handy hier nicht."

Hier ist eine Lösungsmöglichkeit für einen gelungenen Streich:

Eine klebrige Angelegenheit

Meine Freundin Lara brachte einmal ein Stück farbloses Gummi mit in die Schule. „Das ist ein besonderes Gummi", grinste Lara. „Durchsichtig und klebrig." Ich tippte es mit dem Finger an. Das Ding war kaum mehr loszuwerden.

„Ich werde es dir auf den Stuhl legen. Wird dir bestimmt nicht auffallen", sagte Lara schelmisch. Ich lachte: „Warum ausgerechnet mir? Such dir doch in der Schule ein Opfer." Wir entschlossen uns, einem unserer Lehrer einen Streich zu spielen. Wir gingen unsere Lehrer im Kopf durch. Herr Rehbein war zu alt. Der hatte keinen Humor mehr. Frau Wurmbrandt? Zu streng. Fast zum Fürchten. Schließlich entschieden wir uns für unseren Musiklehrer Antonius. Er hieß eigentlich Anton Stöhr, aber seit wir im Religionsunterricht vom heiligen Antonius gesprochen hatten, nannten wir ihn Antonius. Wir hatten einen perfekten Plan. Die Musikstunde begann nach der großen Pause. Kurz vorher schlüpften wir unbemerkt in den Raum und klebten das Ding an den Ort, der für einen Musiklehrer der richtige ist. Nervös waren wir schon, denn während der Pause durfte keiner im Schulhaus sein. Und der Hausmeister hatte scharfe Augen.

Endlich war es so weit. Antonius betrat den Musiksaal. Gut gelaunt. „Heute ist Wunschkonzert! Ich bitte um Vorschläge." Als erstes Lied wählten wir „Die Antwort, mein Freund." Antonius schritt zum Klavier. Das Gummi ist wirklich absolut durchsichtig. Auch für Antonius. Während er spielte, sah mich Lara aus den Augenwinkeln an. Wir hatten den Höhepunkt erreicht. Man soll Höhepunkte ja ausdehnen, deshalb hatten wir eine Taste mit einem hohen Ton gewählt, weil hohe Töne seltener benützt werden – wenn überhaupt. Erste Strophe, zweite Strophe – letzte Strophe. Schade. Aber Antonius machte noch ein Nachspiel. Seine Hände flogen über die Tasten, rauf, runter und jetzt ganz nach oben. Plötzlich brach sein Spiel ab, und jeder konnte sehen, wie der rechte Ringfinger auf einer Taste klebte. Antonius wunderte sich ein wenig, aber dann reagierte er so, wie wir es von ihm erwartet hatten: „Wie schade, dass ich diese schöne Melodie nicht beenden kann!" Er schüttelte ein wenig den Kopf, seufzte und spielte noch ein paar Töne mit der linken Hand. Lara und ich halfen Antonius, das Gummi zu entfernen. Alle waren guter Stimmung und das Wunschkonzert ein voller Erfolg.

13 Schreibe diesmal zuerst auf, was der Aufsatzschreiber **gefühlt**, dann, was er anschließend **gedacht** hat.

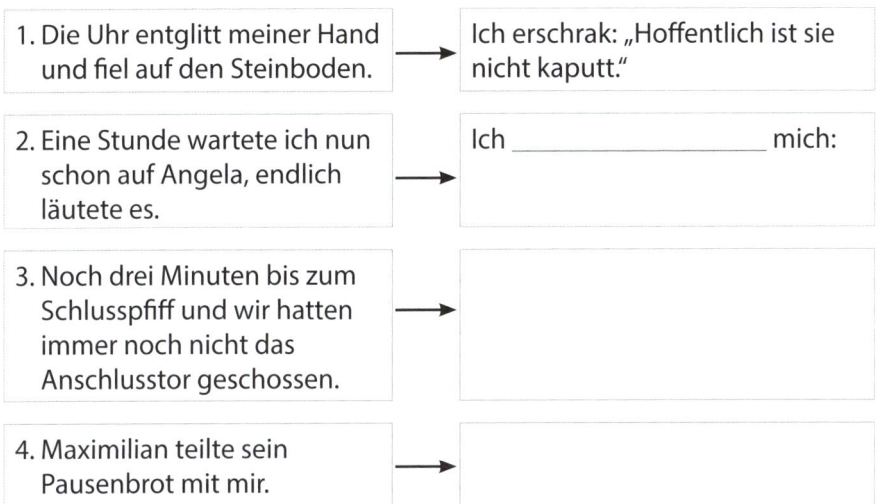

1. Die Uhr entglitt meiner Hand und fiel auf den Steinboden. → Ich erschrak: „Hoffentlich ist sie nicht kaputt."

2. Eine Stunde wartete ich nun schon auf Angela, endlich läutete es. → Ich _____ mich:

3. Noch drei Minuten bis zum Schlusspfiff und wir hatten immer noch nicht das Anschlusstor geschossen. →

4. Maximilian teilte sein Pausenbrot mit mir. →

14 Lauras Lehrerin gibt ihrer Klasse den letzten Probeaufsatz vor den Sommerferien zurück. Laura hat das zuerst einmal in Stichworten so aufgeschrieben:

> Austeilen dauert lange, eine Ewigkeit – Lehrerin erklärt und redet – sie fängt einfach nicht an auszuteilen – Angst vor schlechter Note – bei Aufsätzen Note meistens ungewiss – Note entscheidend, ob 4 oder 5 im Zeugnis – Lehrerin hält Aufsätze noch immer in der Hand – Eltern wünschen bessere Noten

Nehmen wir an, Laura bekommt für ihren Aufsatz die gewünschte bessere Note und erzählt diese Geschichte später in einem Erlebnisaufsatz, wobei sie im Höhepunkt das aufregende Warten auf die Note schildert. Ein Höhepunkt wirkt besonders **spannend**, wenn man im **Präsens** (Gegenwart) erzählt. Dadurch hat man den Eindruck, **unmittelbar dabei** zu sein.

▶ Schreibe mit Hilfe der **Stichworte** im **Präsens** auf, was Laura denken und fühlen könnte. So kannst du beginnen:

> Mein Herz **klopft** bis zum Hals, doch Frau Schwarz **redet** und redet. Wenn sie nur endlich anfangen würde, die Aufsätze auszuteilen! Ich habe solche Angst, eine ...

Wähle treffende Verben (Tunwörter), Adjektive (Wiewörter) und Nomen (Namenwörter)

45 Wer eine Geschichte aufschreibt, stellt ein **Erlebnis** für einen Leser mit **Worten** dar. Die Handlung, Gedanken und Gefühle, alles was unsere Sinne erfassen, wird dem Leser sprachlich übermittelt. Aber nur, wer die passenden Wörter weiß, kann auch **anschaulich** und **lebendig** erzählen. Wer über einen umfangreichen Wortschatz verfügt, wird so nicht schreiben:

> Es läutete an der Wohnungstür. Als ich öffnete, stand Sarah vor mir. „Kommst du mit mir spielen?", sagte sie. „Ach, ich habe jetzt eigentlich keine Lust", sagte ich. „Bitte geh doch mit!", sagte Sarah. Schließlich gab ich nach.

▶ Welche Wortwiederholungen stören? Unterstreiche.

46 Ersetze das Verb (Tunwort) *sagen* jedes Mal durch ein anderes **treffendes** Wort.

„Kommst du mit mir spielen?", _____ sie. „Ach, ich habe

jetzt eigentlich keine Lust", _____ ich. „Bitte geh doch mit!",

_____ Sarah.

Ich schreibe dir nun einige Wörter auf, die unsere Sprache für das farblose Wort *sagen* zur Verfügung hat. Es sind Wörter, die zum **Wortfeld** *sagen* gehören.

Lies die folgenden Verben (Tunwörter) aufmerksam durch und frage dich bei jedem Wort, ob du es **oft**, **gelegentlich** oder **gar nicht** verwendest.

> klagen – prahlen – schimpfen – sich erkundigen – murmeln – jammern – fragen – tadeln – angeben – plappern – stottern – tuscheln – gestehen – faseln – erklären – lispeln

Man sollte Wörter nicht nur **kennen** (= passiver Wortschatz), sondern auch **anwenden** können (= aktiver Wortschatz), sie also stets zur Verfügung haben.

47 Hast du die Wörter des Wortfeldes *sagen* aufmerksam gelesen?
Dann ordne jetzt **einige** davon richtig in die Tabelle ein. Zu jeder Nummer
passen zwei Wörter.

Dies ist die **Bedeutung** der Wörter: ↓	Zu jeder Bedeutung passen **zwei** Wörter: ↓
1. mit **gedämpfter**, **tonloser** Stimme sehr **leise** reden	murmeln,
2. eigene **Vorzüge** gegenüber einem anderen **übertreiben**	prahlen,
3. etwas **wissen** wollen, **Auskunft erbitten**	
4. aus **Ärger** jemanden **zurechtweisen**	
5. etwas unter **Schmerzen** oder mit **Kummer** sagen	

48 Setze passende Wörter aus dem Wortfeld *sagen* richtig in die folgenden
Sätze ein. Verwende immer das **Präteritum** (1. Vergangenheit).

1. „Wo liegt der Bahnhof?", _____ er sich.

2. Michael _____: „Mein Arm schmerzt."

3. „Ich spiele Tennis besser als ihr alle", _____ Tom.

4. „Jetzt mag ich erst recht nicht!", _____ Julia, aber so,
dass es ihr Vater nicht hören konnte.

5. „Du hast wieder nicht aufgeräumt!", _____ Mutter.

Bei den nächsten beiden Aufgaben geht es um Adjektive (Wiewörter), die beschreiben, wie wir mit unseren Sinnen verschiedene Stufen von hell und dunkel, laut und leise wahrnehmen.

49 Ordne die folgenden Adjektive nach dem Grad der **Helligkeit**. Beginne mit dem Wort, das am **wenigsten** Licht ausdrückt, und ende mit dem, das für die **höchste** Helligkeit steht. Die Farben unten helfen dir dabei.

hell – stockfinster – dunkel – sonnenhell – dämmerig

_____ _____ _____ _____ _____

50 Ordne die folgenden Wörter dem Bild unten zu. Beginne mit dem Wort, das die **geringste Lautstärke** ausdrückt. Ende mit dem Wort für die **höchste** Lautstärke.

lärmend – still – ohrenbetäubend – leise – geräuschvoll

_____ _____ _____ _____ _____

51 Diesmal geht es um die sinnliche Wahrnehmung von heiß und kalt. Ordne diese Adjektive den folgenden sechs Bildern richtig zu:

heiß – eisig – frisch – warm – glühend heiß – kalt

1

_____

2

_____

3

_____

4

_____

5

_____

6

_____

52 Ordne die Adjektive von Aufgabe **51** nach Temperaturen, und zwar von der **niedrigsten** zur **höchsten**. Schreibe in die leeren Kästchen.

53 Schreibe zu jedem Adjektiv das **Gegenteil** auf:

breit – _____   rau – _____   kostbar – _____

stumpf – _____   eng – _____   unerwünscht – _____

54 Für die Fortbewegung von Tieren gibt es in unserer Sprache viele treffende Wörter.

▶ Schreibe solche Verben im **Präsens** (Gegenwart) in die Lücken:

Das Pferd _____ durch den Wald.

Die Schlange _____ über die Steine.

Eine Ente _____ über den Hof.

Die junge Amsel _____ ängstlich mit den Flügeln.

Das Wiesel _____ durch den Zaun.

Ein Storch _____ durch den Sumpf.

Die Eidechse _____ in das Gestrüpp.

55 Ersetze die fett gedruckten **Verben** (Tunwörter) durch treffendere:

Der Drachen **war** _____ hoch in der Luft.

Ein Motorrad **kam** _____ vorbei.

Tu _____ die Wäsche in den Schrank.

Tu _____ die Blumen in die Vase.

56 Man sollte beim Erzählen stets das **genaueste** Nomen (Namenwort) wählen. Schreibe also nicht Vogel, wenn du eine Amsel meinst.

▶ Ordne die folgenden Nomen vom **allgemeinsten** zum genauesten:

Hund – Säugetier – Pudel – Lebewesen – Tier

_____

Blume – Pflanze – Veilchen – Wildblume

_____

57 Diese Verben haben etwas mit sehen, hören und riechen zu tun.

trommeln – brausen – flackern – stinken – ~~strahlen~~ – leuchten – tosen – dröhnen – verpesten – plätschern

▶ Trage die Verben richtig in die folgenden Sätze und **gleichzeitig** in derselben Reihenfolge in das Treppenrätsel unten ein. (Schreibe Ö, Ä, nicht OE, AE.)

1. Nachts **strahlen** Scheinwerfer schöne Gebäude an.
2. Mir _____ die Ohren von diesem Krach.
3. Autos _____ die Luft.
4. Faule Eier _____.
5. Die Kinder _____ mit den Fingern gegen die Scheibe.
6. Von Weitem hört man die Meeresbrandung _____.
7. Zahlreiche Springbrunnen _____ in den Gärten.
8. Ein Windhauch genügt, und Kerzen beginnen zu _____.
9. Überall auf den Bergen _____ Sonnwendfeuer*.
10. Stürme _____ über das Land hinweg.

| 1. | | | | | | S | T | R | A | H | L | E | N |

2.

3.

4.

5.

6.

7.

8.

9.

10.

Das Wort im blauen Feld bezeichnet, von oben nach unten gelesen, ein Fortbewegungsmittel: _____.

* Am 21. Juni ist Sommeranfang und Sommersonnenwende. Es folgt die kürzeste Nacht des Jahres, die in vielen Gegenden Europas mit einem nächtlichen Fest mit großem Feuer gefeiert wird. Von nun an werden die Tage wieder kürzer.

Achte auf Abwechslung beim Satzbau

Das erste Wort eines Satzes wird beim Sprechen **betont** und deshalb besonders gut wahrgenommen. Der **Satzbeginn** ist ein guter Platz für ein Wort, auf das es ankommt, das man betonen will.

Stell dir vor: Ein kleiner Junge ist im Winter in einen reißenden Bach gefallen. Die 14-jährige Tanja hat dies beobachtet und rettet den Jungen.

Tanja sprang, ohne zu zögern, mutig in das eiskalte Wasser.
(Hier wird betont, dass **Tanja** sprang und niemand anderer.)

Mutig sprang Tanja, ohne zu zögern, in das eiskalte Wasser.
(Dieser Satz betont Tanjas **Mut**.)

Ohne zu zögern, sprang Tanja mutig in das eiskalte Wasser.
(Tanja hat nicht lange überlegt, sie sprang sofort, **ohne zu zögern**.)

58 Stelle im zweiten Satz das Wichtigste an den Anfang:

Es dämmerte schon. Wir irrten noch immer durch den Wald.

59 Wie langweilig! Jeder Satz beginnt mit dem **Subjekt** (Satzgegenstand):

Die Turmuhr schlug schon 11 Uhr. **Ich** lag hellwach in meinem Bett. **Meine Eltern** mussten doch endlich nach Hause kommen!

▶ Stelle im zweiten Satz das wichtigste Wort an den Anfang:

60 Stelle wieder die Wortgruppe, auf die es ankommt, an den Anfang:

wartete / mit großer Aufregung / auf das Untersuchungsergebnis / ich

Verwende verschiedene Konjunktionen (Bindewörter)

Mit Konjunktionen (Bindewörter) lassen sich Sätze verbinden.

61 Schreibe jede Konjunktion in die passende Lücke.

indem – ~~nachdem~~ – wenn – weil – ehe – während – als

Nachdem Michelle gegessen hatte, begann sie mit den Hausaufgaben.

Da klingelte das Telefon. Lisa war dran: „Ruf mich an, _____ du mit

deiner Arbeit fertig bist. Ich komme dir bis zum Supermarkt entgegen."

Michelle packte noch ihre Schultasche für den nächsten Tag, _____

sie ihre Freundin Lisa zurückrief. Dann machte sie sich auf den Weg. Wie

gewöhnlich fuhr sie mit dem Roller, _____ Lisa das Rad benutzte.

_____ sie beim Treffpunkt waren, fragte Lisa: „Kaufen wir uns ein

Eis?" „Ich muss verzichten", sagte Michelle, „_____ ich

kein Taschengeld mehr habe." Lisa löste das Problem,

_____ sie für ihre Freundin bezahlte.

62 Hier ist die Fortsetzung der Geschichte.
Schreibe wieder die Konjunktionen in die passenden Lücken.

als – falls – obwohl – sodass – solange

„Wir könnten doch am Sonntag einen Ausflug machen, _____ das

Wetter schön bleibt", schlug Lisa vor. Michelle stimmte zu, _____

sie am Wochenende eigentlich für eine Probearbeit lernen wollte. „Du hast

Recht. Man muss etwas unternehmen, _____ Sommer ist." Die

Mädchen hatten viel Spaß, _____ der Nachmittag wie im Flug

verging. „Mir ist, als hätte mein Handy geklingelt", sagte Lisa, _____

beide gerade laut lachen mussten. Mama wollte, dass sie gleich heimkam.

49

63 Ersetze die fett gedruckten **Konjunktionen** (Bindewörter) durch solche, die den **gleichen** oder einen **ähnlichen** Sinn haben:

Nachdem / _____ / _____ / _____ Herr Müller gegessen hatte, machte er einen Spaziergang.

Ehe / _____ Thomas anrief, räumte er seinen Schreibtisch auf.

Wenn / _____ / _____ / _____ das Wetter schön bleibt, wandern wir.

Michelle bettelte, **aber** / _____ / _____ Lisa wollte nicht.

Max konnte nicht mitspielen, **weil** / _____ er krank war.

64 Schreibe in die Lücken passende Konjunktionen. Sie müssen nicht immer genau den gleichen Sinn haben.

1. Der kleine Pumfi erschrak furchtbar, **wenn** / _____ / _____ / _____ / _____ es donnerte.

2. **Sobald** / _____ / _____ / _____ / _____ die Lehrerin den kleinen Pumfi schimpfte, fiel ihm gar nichts mehr ein.

3. **Obwohl** / _____ / _____ der kleine Pumfi eine Nervensäge war, mochten ihn alle Kinder gerne.

4. Pumfi darf beim Fußballspiel mitmachen, **wenn** / _____ / _____ / _____ / _____ er sich an die Regeln hält.

Steigere die Spannung

Lies den folgenden Ausschnitt aus einem Höhepunkt. Der Erzähler hat im Spätwinter ein zugefrorenes Gewässer betreten, ohne sich vorher zu erkundigen, ob die Eisdecke noch trägt. Dabei riskiert er sein Leben. Da bei einem guten Höhepunkt die Spannung stufenweise wie bei einer Treppe ansteigt (= **Spannungstreppe**), musst du von **unten** nach **oben** lesen.

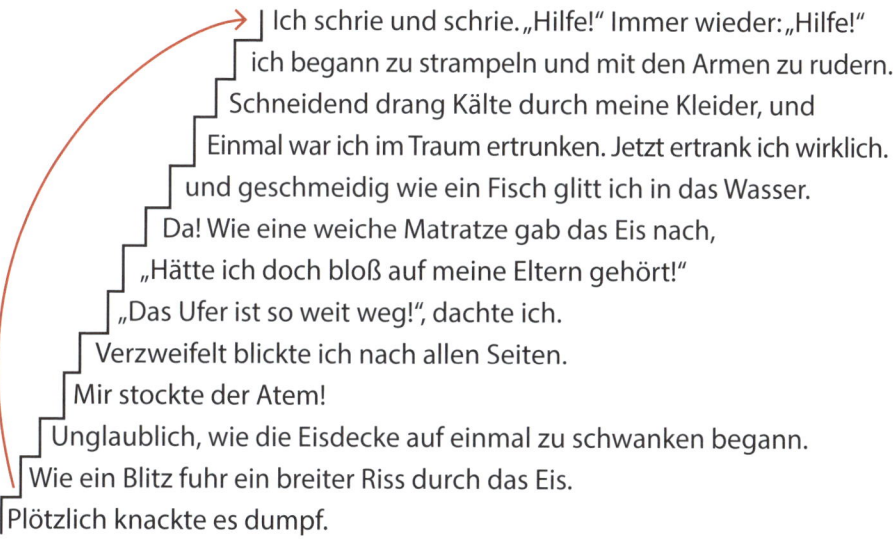

Ich schrie und schrie. „Hilfe!" Immer wieder: „Hilfe!"

ich begann zu strampeln und mit den Armen zu rudern.

Schneidend drang Kälte durch meine Kleider, und

Einmal war ich im Traum ertrunken. Jetzt ertrank ich wirklich.

und geschmeidig wie ein Fisch glitt ich in das Wasser.

Da! Wie eine weiche Matratze gab das Eis nach,

„Hätte ich doch bloß auf meine Eltern gehört!"

„Das Ufer ist so weit weg!", dachte ich.

Verzweifelt blickte ich nach allen Seiten.

Mir stockte der Atem!

Unglaublich, wie die Eisdecke auf einmal zu schwanken begann.

Wie ein Blitz fuhr ein breiter Riss durch das Eis.

Plötzlich knackte es dumpf.

65 Unterstreiche oben **8** Sätze, in denen **tatsächlich** etwas **geschieht**. Etwas, was auch ein **Beobachter sehen** oder **hören** könnte. Gefühle, Gedanken und Empfindungen des Erzählers gehören natürlich nicht dazu.

Du siehst: Nicht jeder Satz bringt die Handlung weiter. Manche Sätze **unterbrechen** sie sogar. Sie lenken also vom Geschehen ab.

„Das Ufer ist so weit weg!", dachte ich. „Hätte ich doch bloß auf meine Eltern gehört!"

Die Lösung der Spannung wird durch Gedanken, Gefühle und Empfindungen des Erzählers hinausgeschoben. Diese **Verzögerung** ist ein „Trick": Der Leser will ja das Ende der Geschichte erfahren, deshalb liest er interessiert weiter.

Es folgen einige Aufgaben zum Höhepunkt auf Seite 51. Es geht dabei um sprachliche Mittel, mit denen du einen Höhepunkt gut gestalten kannst.

66 ▶ Unterstreiche in den folgenden Sätzen die <u>Verben</u> (Tunwörter) rot, mit denen unsere Sinne (hören, sehen) angesprochen werden.
▶ Markiere zwei **Spannungswörter** (das sind Wörter, die uns neugierig machen) gelb.

Plötzlich knackte es dumpf. Unglaublich, wie die Eisdecke auf einmal zu schwanken begann.

67 Welche **Nomen** (Namenwörter) lassen deutliche Bilder in unserem Kopf entstehen? Unterstreiche sie:

Wie ein Blitz fuhr ein breiter Riss durch das Eis.

68 Unterstreiche, womit das nachgebende Eis und der ins Wasser gleitende Erzähler verglichen werden:

Wie eine weiche Matratze gab das Eis nach, und geschmeidig wie ein Fisch glitt ich in das Wasser.

69 Unterstreiche ein Wort in einem der drei Sätze, das für den Leser besonders wichtig ist und deshalb am **betonten** Satzanfang steht:

Mir stockte der Atem! Verzweifelt blickte ich um mich. „Das Ufer ist so weit weg!", dachte ich.

70 Solch einen Satz hast du schon gelesen: Ich schrie **immer wieder**. Lebendiger wirkt der Satz so (Seite 51): Ich **schrie** und **schrie**.

Anderes Beispiel: Tom fuhr **immer** schneller.
Lebendiger: Tom fuhr **schneller** und **schneller**.

▶ Forme nun die folgenden Sätze wie oben um:

Rex bellte immer wieder. _____

Der Ballon stieg immer höher. _____

Gestalte deine Erzählung anschaulich

Im Höhepunkt auf Seite 51 steht der Satz: Wie eine weiche Matratze gab das Eis nach. Die weiche Matratze ist ein **Bild** für das nachgebende Eis. Manche Bilder (d. h. **Vergleiche**) werden auch in der Umgangssprache gebraucht: schnell wie der Blitz – flink wie ein Wiesel.

71 Ordne die Adjektive (Wiewörter) und Verben (Tunwörter) in der linken Spalte den Nomen (Namenwörter) in der rechten zu und bilde damit passende Vergleiche:

still	Esel	still wie ein Mäuschen
schnell	Butter	_____
stur	Mäuschen	_____
schimpfen	Pfeil	_____
weich	Rohrspatz	_____

72 ▶ Setze diese Verben passend unten ein:

totschlagen – schließen – tappen – fallen – nehmen – einschenken

▶ Ordne die Bedeutungen richtig zu:

überrascht sein – sich nicht auskennen – sich langweilen – leichtfertig sein – lieb gewinnen – einem nichts vormachen

Verben einsetzen	Bedeutung zuordnen
reinen Wein **einschenken**	**einem nichts vormachen**
auf die leichte Schulter _____	
die Zeit _____	
ins Herz _____	
im Dunkeln _____	
aus allen Wolken_____	

Oft spielen **Tiere** eine wichtige Rolle in Geschichten. Man kann sie manchmal wie Menschen **sprechen lassen**:

Das Kätzchen strich um meine Füße. Sein klägliches Miauen klang, als wolle es sagen: „Ich habe solchen Hunger."

73 Vervollständige diese Sätze, indem du die Tiere sprechen lässt:

a) Ich stand vor der Gartentür und hatte Angst, in den Garten zu gehen, denn der Hund bellte mich wütend an, als wollte er mich warnen:

„Wage es nicht, _____

_____!"

b) Die Amsel war aus dem Nest gefallen. Ich wusste nicht, wie lange sie schon hilflos in der Wiese lag. Die Augen des

kleinen Tieres flehten mich an: „_____

_____!"

74 Auch **Naturvorgängen** kann man menschliche **Gedanken** zuordnen:
Ich hätte längst aufstehen sollen. Schon schien die Morgensonne hell in mein Gesicht, als wollte sie mich auffordern, endlich das Bett zu verlassen.

▶ Vervollständige die folgenden Sätze auf ähnliche Weise:

a) Es war bereits dunkel, als ich nach Hause lief, und ich hatte ein bisschen

Angst; doch der Mond blickte _____ auf mich herab und

zeigte mir _____.

b) Es herrschte ungewöhnlich stürmisches Wetter, als ich zur Schule lief.

Der Wind fuhr in meine Kleidung, als wollte er mich _____

_____.

75 **Gegenständen**, die in einer Geschichte wichtig sind, kannst du manchmal menschliche **Eigenschaften** zuordnen:

Jetzt saß ich im Behandlungsstuhl des Zahnarztes. Höhnisch blinkte mich der Zahnspiegel an und der metallisch glänzende Bohrer hing drohend über mir.

▶ Vervollständige wieder die folgenden Sätze auf ähnliche Weise:

a) Was hatte ich für eine Angst vor der Spritze! Die dünne Nadel zeigte auf mich, als wartete sie nur darauf, _____.

b) Im Sportunterricht sollte ich über den Bock springen. Der Bock stand da wie ein riesiges Ungeheuer, das zu sagen schien: „_____

_____."

c) Der Zwanzig-Euro-Schein lag auf dem Flur zur Sporthalle und ich hatte ihn schnell eingesteckt. Jetzt kämpfte ich mit mir, ob ich das Geld im Sekretariat abliefern sollte. Ich hatte das Gefühl, dass der Schein in meiner Hosentasche mir unaufhörlich zuflüsterte: „_____

_____!"

d) Ich konnte lange nicht einschlafen. Die Straßenlaterne schwankte im Wind und die Schatten der Gegenstände in meinem Zimmer wurden plötzlich lebendig. Mein lieber, sanfter Hase bewegte drohend seine Ohren. Mir war, als ob das Stoffkrokodil auf dem Regal seinen

Mund _____. Ach, und die Augen meiner

lieben Puppe Jasmin starrten _____.

e) So lange hatte ich meine Uhr gesucht und da lag sie einfach in der

Schublade und sah mich an, als _____.

Wie du zum Schluss kommst

1. Du gibst einen kurzen Ausblick auf die Zukunft

Daniel erzählt von einem Fahrradausflug mit Freunden. Sie machen sich über ihn lustig, weil er sehr vorsichtig fährt. Als er ihnen seinen Mut beweisen will, stößt er beinahe mit einem Auto zusammen. Dies ist der Schluss seines Erlebnisaufsatzes:

Als ich mich von meinem Schrecken erholt hatte, nahm ich mir vor: **In Zukunft fahre ich vorsichtiger, egal was die anderen denken.**

76 Andrea erzählt, wie sie zum ersten Mal die Osterferien bei ihrer Oma auf dem Land verbringt, wie sie neue Freunde gewinnt und aufregende Abenteuer erlebt.

▸ Beende den Schluss von Andreas Aufsatz mit einem Satz, der einen Ausblick auf die Zukunft gibt.

Nach zwei Wochen war die schöne Zeit leider zu Ende. Ich kehrte ein wenig traurig in die Stadt zurück. Aber ich war mir ganz sicher:

_____

77 Leon sieht gerne fern, aber Lesen ist nicht seine Sache. In einem Aufsatz erzählt er, wie wenig begeistert er ist, als ihm sein Vater zum Geburtstag ein Jugendbuch schenkt. Er lässt es ungelesen in einer Schublade verschwinden. Der Höhepunkt beginnt, als eines Tages der Fernseher kaputt ist. Leon erinnert sich an das Buch, liest ein wenig darin und kann nicht mehr aufhören, bis er es zu Ende gelesen hat. Zum ersten Mal lernt er die fantastische Welt des Lesens kennen.

▸ Schreibe du nun anstelle von Leon einen Schluss, in dem du einen Ausblick auf die Zukunft gibst.

_____

_____

2. Du schließt mit einer allgemeinen Bemerkung

Sarah erzählt von einem Spaziergang mit Tom und dem kleinen Hund Struppi. Alles läuft gut, bis Struppi auf einmal keine Lust mehr hat zu laufen. Er sitzt und rührt sich nicht mehr von der Stelle. Weder gutes Zureden noch ein Stück Wurst von Toms Brot helfen. Schließlich holt Susi zu Hause einen kleinen Puppenwagen. Die Kinder stecken Struppi hinein und setzen ihren Spaziergang fort. Dies ist Sarahs Schluss:

Der Hund war zufrieden und unser Spaziergang gerettet.
Man muss sich nur zu helfen wissen.

8 Marie erzählt, wie sie auf dem Heimweg von der Schule ihre kostbare Halskette verloren hat. Sie sucht noch einmal den Schulweg ab, aber ohne Erfolg. Verzweifelt ruft sie ihre Freundin Nicola an. Die verständigt sofort weitere Klassenkameradinnen und alle machen sich auf die Suche. Die Halskette wird gefunden. Hier folgt der Anfang von Maries Schluss.

▶ Beende ihn mit einer allgemeinen Bemerkung:

Ich war so froh, dass ich meine Halskette wiederhatte. Ohne die Mithilfe meiner Freundinnen hätte ich sie bestimmt nicht mehr gefunden.

Wie schön ist es, _____ .

9 Alexander erzählt von einer Bergwanderung mit seinen Eltern. Nachdem sie mittags auf einer Hütte gerastet haben, soll noch der Gipfel bestiegen werden. Alexander will unbedingt den längeren Weg nehmen, bei dem man auch ein wenig klettern kann. Obwohl die Sonne scheint, traut der erfahrene Hüttenwirt dem Wetter nicht und rät zum kürzeren Aufstieg. Vater ist einverstanden und Alexander traurig. Bald stehen sie auf dem Gipfel, müssen aber wegen eines heraufziehenden Gewitters gleich wieder absteigen. In letzter Minute erreichen sie die sichere Berghütte.

▶ Schreibe nun einen Schluss mit einer allgemeinen Bemerkung.
Was hat Alexander aus diesem Erlebnis gelernt?

Wie du Aufsätze selbst beurteilen kannst

Ob ein Aufsatz **gelungen** ist, kannst du mit Farben und Zeichen sichtbar machen. Diese Zeichen werden bei den folgenden Aufsätzen verwendet:

- ▶ In der **Einleitung** sind beantwortete **W-Fragen** schwarz unterstrichen.
- ▶ Vor jedem geeigneten **Erzählschritt** steht ein blauer Punkt: •.
- ▶ Überflüssige Erzählschritte sind durchgestrichen.
- ▶ Der **Höhepunkt** ist am Rand mit einer roten Linie markiert: |.
- ▶ Satzaussagen, die nicht im **Präteritum** (1. Vergangenheit) stehen, sind rot durchgestrichen. (Das gilt nicht für die wörtliche Rede!)
- ▶ Wörtliche Reden sind rot unterstrichen, was der Erzähler gefühlt oder gedacht hat, blau.
- ▶ **Treffende Verben** (Tunwörter) sind rot, **Adjektive** (Wiewörter) grün und **Nomen** (Namenwörter) blau markiert.
  Wichtige Wörter am Satzanfang (ebenso **Spannungswörter**) gelb.
- ▶ Im Schluss ist eine allgemeine Schlussbemerkung oder ein Ausblick auf ein weiteres Geschehen schwarz unterstrichen.
- ▶ Lies nun den Entwurf von Sarahs Aufsatz *Da hatte ich große Angst*.

Einmal ging ich zur Flötenstunde.
• Ich lief gerade durch eine ruhige Siedlung mit Bäumen am Straßenrand. Ich freute mich, dass ich heute keine Hausaufgaben aufhatte. •
Ein Auto fuhr langsam neben mir her. • Ich merkte, wie mich der Fahrer finster ansah und ich dachte: „Was will der von mir?"
Als er auch noch stehen blieb, bekam ich Angst. Ich war ja ganz allein auf dem Gehweg. Mein Herz klopfte und ich begann zu laufen. Doch ich hatte Glück, denn der Mann wendete sein Fahrzeug und fuhr weg. Da war ich erleichtert. Auf einmal kam er zurück und schaute wieder so grimmig. Ich dachte: „Der will mich entführen." Ich hatte solche Angst. Ich nahm all meinen Mut zusammen und rannte, bis ich vor dem Haus meiner Flötenlehrerin stand. Immer wieder läutete ich, bis sie endlich öffnete.
Ich war ganz verschwitzt und erzählte, was ich erlebt hatte. Sie telefonierte mit meiner Mutter, die mich nach der Stunde abholte. „Ein Mann hat mich mit seinem Auto verfolgt", platzte ich heraus, „ich bin so froh, dass ich ihm entkommen bin." Doch meine Mama meint, der hätte sicher nur nach einer Hausnummer gesucht.
Ich werde nie mehr zu Fuß zur Flötenstunde gehen.

▶ Wie gelungen Sarahs **verbesserter** Aufsatz ist, kannst du schon an den vielen Farben erkennen.

Vor einigen Tagen ging ich zu Fuß zur Flötenstunde. Ich mag den ruhigen Weg, der an gepflegten Gärten und hohen Pappeln vorbeiführt.
• Ich war noch nicht lange unterwegs, als ein Auto auffallend langsam neben mir herfuhr. • Ich sah zu dem Fahrer hin und mir fiel auf, dass er ziemlich finster dreinsah. Er trug einen dichten Oberlippenbart und auf seiner fleischigen Nase saß eine dickrandige Brille. „Warum schaut der nur so grimmig?", dachte ich. • Inzwischen fuhr der Mann so langsam, dass er fast zum Stehen kam. • Jetzt wurde ich nervös. • Ich blickte mich nach allen Seiten um. Keine Menschenseele weit und breit. Ich seufzte: „Warum bin ich ausgerechnet jetzt allein?"
Plötzlich stoppte der Fahrer sein Auto. Wieder starrte er in meine Richtung. „Was will der bloß von mir?", dachte ich. All diese schrecklichen Verbrechen, bei denen Kinder ins Auto gezerrt und verschleppt werden, fielen mir wieder ein. Was tun? Umkehren und heimlaufen? Nein, er würde mich schnell einholen. Bis zum Hals schlug mein Herz, und meine Hände wurden schweißnass. Ich beschleunigte meine Schritte, um schneller bei meiner Flötenlehrerin zu sein. Da! Was ich nicht erwartet hatte: Der Mann wendete sein Fahrzeug und fuhr in die entgegengesetzte Richtung davon. Wie erleichtert ich war! Was hatte ich mir da bloß alles eingebildet! „So viele gefährliche Menschen kann es gar nicht geben!", freute ich mich. Leider nur kurz. Sofort erkannte ich das Motorengeräusch.
Der unheimliche Fremde war zurückgekommen. Jetzt fing ich wie wild zu rennen an und blieb erst stehen, als ich vor dem Haus meiner Flötenlehrerin stand. Noch außer Atem drückte ich mehrmals die Türklingel, bis meine Lehrerin öffnete.
Um nichts in der Welt wäre ich nach dem Unterricht noch mal zu Fuß heimgegangen. Meine Mutter musste mich abholen. „Du kannst dir nicht vorstellen, was ich erlebt habe", stieß ich heraus. Aufgewühlt, erzählte ich ihr, was mir solche Angst eingejagt hatte. Mama beruhigte mich: „Ich denke, der Mann hat nur eine bestimmte Hausnummer gesucht, und weil er sie nicht gefunden hat, schaute er so grimmig. Wenn er dich hätte mitnehmen wollen, hätte er wohl eher freundlich gelächelt."
Das leuchtete mir ein. Man soll gegenüber Fremden zwar wachsam sein und nicht zu vertrauensselig, aber auch nicht überängstlich.

80 Jetzt sollst du selbst einen Aufsatz untersuchen. Lies die Geschichte zuerst einmal durch.

Mein Dackel ist ein kluges Tier

Einmal machte ich mit meinem Rauhaardackel Waldi einen Spaziergang im Stadtpark.
Nach einer Weile ließ ich Waldi ohne Leine neben mir herlaufen, denn er gehorcht recht gut. Plötzlich sauste er jedoch in der Nähe eines kleinen Wäldchens davon. „Waldi, hierher! Komm sofort zurück!", rief ich. Doch ich konnte rufen, so viel ich wollte, der Hund hörte nicht und rannte weiter, bis er im Wäldchen verschwunden war. Ratlos stand ich da und überlegte: „Was soll ich bloß tun?" Schließlich lief ich in die Richtung, in der er verschwunden war. Auf einmal ertönte lautes Bellen, und Waldi kehrte keuchend zurück. „Du Ausreißer", schimpfte ich, legte ihm die Leine an und wollte mich auf den Heimweg machen. Mein Hund aber zog genau in die andere Richtung. „Was willst du denn?", fragte ich verwundert und folgte ihm widerwillig. Er zerrte mich in das kleine Wäldchen, immer tiefer hinein, bis wir zu einer Lichtung kamen. Da – ein jämmerliches Weinen! „Oh Schreck, was ist das?", dachte ich. Jetzt entdeckte ich eine Gestalt, die unter einer Buche kauerte. Schnell rannte ich hin und sah einen Jungen in meinem Alter. „Was ist passiert?", fragte ich erschrocken. Schluchzend antwortete er: „Ich bin auf den Baum geklettert und ausgerutscht. Beim Sturz habe ich mich am Fuß verletzt. Leider funktioniert mein Handy hier nicht." Ich schaute auf mein Telefon. Auch ich hatte kein Netz. „Versuche zu gehen, ich stütze dich", schlug ich vor. Der Junge hängte sich bei mir ein und humpelte mit schmerzverzerrtem Gesicht neben mir her. Bald waren wir aus dem Wäldchen heraus und Marc, so hieß der Junge, konnte endlich seine Eltern anrufen. Sie holten ihn ab und bedankten sich bei mir – und Waldi. Mein Hund und ich gingen zufrieden nach Hause. Waldi bekam zur Belohnung ein Stück Wurst.
Es ist schon erstaunlich, wie klug Tiere manchmal sind.

Hier sind einige Aufgaben zum Aufsatz, den du soeben gelesen hast:

▸ Unterstreiche in der **Einleitung** die beantworteten **W-Fragen** schwarz, ebenso im **Schluss** die **allgemeine Bemerkung**.
▸ Unterstreiche wörtliche Reden rot, Gedanken oder Gefühle blau.
▸ Markiere den Höhepunkt am Rand mit einer roten Linie: |.
   (Anfang des Höhepunkts: Es beginnt kompliziert zu werden. Ende: Die Spannung löst sich.)

31 Jetzt noch einige Aufgaben zum **Höhepunkt**:

▶ Markiere zuerst 3 treffende **Verben** (Tunwörter) rot.
▶ Markiere jetzt 5 treffende **Adjektive** (Wiewörter) grün.
▶ Nun 4 **Nomen** (Namenwörter) blau.
▶ Zuletzt 5 **Spannungswörter** oder andere **wichtige Wörter** am **Satzanfang** gelb.

32 Nun ist es Zeit, dich an die Geschichte, die du zum Thema *Ein lustiger Streich* geschrieben hast, zu erinnern. Ich habe dich gebeten, sie aufzu-heben. Bitte nimm sie jetzt zur Hand und überprüfe, wie gut du gearbeitet hast. Sicher wirst du noch einiges zu verbessern haben. Mit Hilfe der folgenden **Checkliste** kannst du das herausfinden.

▶ Beantworte nun folgende Fragen zu **deinem** Aufsatz.
  Zutreffendes versiehst du mit einem +, was nicht zutrifft, mit – .

Einleitung:	**Hauptteil**:	**Schluss**:
Werden **W**-Fragen beantwortet?	Sind notwendige **Erzählschritte** vorhanden?	Enthält er eine **allgemeine Bemer-kung** oder einen **Ausblick**?
Wird das **Präteri-tum** (1. Vergangen-heit) verwendet?	Gibt es einen ausführlichen **Höhepunkt**?	
Kommen im Text öfter mal **wörtliche Reden** vor?	Werden auch **Gefühle** oder **Gedanken** geäußert?	Stehen **wichtige Wörter** oder **Span-nungswörter** auch mal am Satzanfang?
Enthält der Text treffende **Verben** (Tunwörter)?	Sind auch tref-fende **Adjektive** (Wiewörter) verwendet worden?	Gibt es **Nomen** (Namenwörter), die Bilder im Kopf entstehen lassen?

Jetzt kannst du deinen Aufsatz **verbessern**, gewissermaßen als „Abschlussarbeit". Vielleicht hast du Lust, die Geschichte dann deinen Eltern oder Großeltern vorzulesen.
Eine **Lösungsmöglichkeit** findest du im Lösungsteil.

Musteraufsätze

Da musste ich herzhaft lachen

Mein Bruder Jonas und mein Dackel Peggy haben etwas gemeinsam: Sie sind beide gleich frech. Dazu will ich ein lustiges Erlebnis erzählen.
• Als Jonas zwei Jahre alt und nicht sehr groß war, entdeckte er eines Tages auf dem Wohnzimmertisch eine Tafel Schokolade. Da er wie gesagt so klein war, konnte er nicht an sie herankommen.
• Er bettelte also unsere Mutter an, die in der Küche arbeitete. Aber er hatte kein Glück. „Jetzt vor dem Essen bekommst du sie nicht!", war die klare Antwort. • Da ich ihm anmerkte, wie sehr er enttäuscht war, versuchte ich ihn ein wenig auf andere Gedanken zu bringen und schlug ihm ein Spiel vor. Aber er wollte nicht. So ging ich in mein Zimmer; es kam mir allerdings seltsam vor, dass er auf meinen Vorschlag nicht eingegangen war, denn sonst freute er sich immer sehr, wenn er mit mir spielen konnte.
„Irgendetwas stimmt hier nicht!", dachte ich. Als es nach einiger Zeit in unserer Wohnung ungewohnt still wurde. „Mal sehen, was los ist!", sagte ich zu mir selbst und schaute in Jonas' Zimmer. Es war leer. Wo der bloß steckt! Ich hatte schon einen bestimmten Verdacht und schlich leise ins Wohnzimmer. Ich öffnete die Tür einen Spalt. Jetzt beobachtete ich etwas Lustiges. Da schob doch mein Bruder Jonas, gefolgt von der heftig mit dem Schwanz wedelnden Peggy, einen kleinen Schemel vor den Tisch und stieg hinauf. Um an die Schokolade zu kommen, musste er auf den Zehenspitzen stehen. Dabei wackelte er recht bedenklich hin und her. Der Hund sah ihm erwartungsvoll zu. Als Jonas erreicht hatte, was er wollte, gab er Peggy einen dicken Kuss und ließ sich seine Beute schmecken. Da musste ich herzhaft lachen.

Einleitung

Hauptteil
• Erzählschritte

wörtliche Rede

Überleitung zum Höhepunkt

Beginn des Höhepunkts
Gedanke

Gedanke

Spannungsgipfel

Schluss

Ein arges Missgeschick

Im letzten Sommer war ich mit meiner Klasse in einem Schullandheim in der Nähe von Miesbach.

Einleitung

• Schon der erste Tag war aufregend und erlebnisreich. Viel zu schnell wurde es Abend und wir mussten ins Bett. • Ich begann mich auszuziehen. • Als ich, ohne hinzuschauen, an mein Handgelenk fasste, um die Uhr abzunehmen, spürte ich nur meinen leeren Arm. Ich erschrak und sah jetzt genau hin. Ich konnte es nicht glauben, aber da war keine Uhr mehr. Ich schaute unter das Bett, durchwühlte meine Tasche – vergeblich, die Uhr blieb unauffindbar. Ausgerechnet die Uhr, die mir mein Großvater geschenkt hatte! Verzweifelt fragte ich meine Mitschüler: „Hat jemand meine Uhr gesehen?" In dieser Nacht schlief ich schlecht. Immer musste ich an meine Uhr denken. Am nächsten Morgen lief ich alle Wege ab, die ich am Tag zuvor gegangen war. Irgendwo musste meine Uhr doch sein! „Wir helfen dir", sagten meine Freunde, „wir suchen noch einmal." Aber alle Mühe war umsonst. „Wie soll ich das nur meinem Großvater sagen?", dachte ich immer wieder. Obwohl es mir im Schullandheim gut gefiel, war ich die folgenden Tage doch sehr bedrückt. Der letzte Tag nahte, und ehe wir abreisten, mussten alle ihr Bett abziehen. Ich entfernte den Überzug und hörte, wie plötzlich etwas auf den Boden fiel. Ich sah hin und traute meinen Augen nicht: Da lag tatsächlich meine Uhr! Ich stieß einen Freudenschrei aus: „Sie ist wieder da! Meine Uhr ist wieder da!" Sie musste mir beim Überziehen des Bettes vom Handgelenk gerutscht und so ins Bettzeug geraten sein. Glücklich und zufrieden trat ich die Heimreise an. Ich hoffe, dass mir so etwas nicht noch einmal passiert.

Hauptteil
• Erzählschritte

Beginn des
Höhepunkts

Gedanke

wörtliche Rede

wörtliche Rede

Gedanke

wörtliche Rede

Schluss

Da hatte ich Angst

Einmal wachte ich mitten in der Nacht auf. Mir war heiß, weil ich vergessen hatte, die Heizung abzudrehen, und ich verspürte starken Durst.
• Alles war dunkel und still. • Ich kroch aus meinem Bett, um in der Küche etwas zu trinken. • Ich war gerade in der Diele angelangt, als ich seltsame Geräusche vernahm. Wie angewurzelt blieb ich stehen. Was war denn das? Etwas, was ich im Dunkeln nicht recht erkennen konnte, kam auf mich zu. Es trug einen riesigen Umhang, sah aus wie ein Geist. Ich wich zurück und stand nun vor der Tür, die zum Zimmer meines Bruders Christian führte. Das gräuliche Etwas aber kam näher und näher. Ich presste mich auf den Boden, drückte mich zwischen Tür und Rahmen. Jetzt kam es geradewegs auf mich zu! Ich hielt den Atem an und verkroch mich in die Ecke neben der Tür, so, als wollte ich in ein Mauseloch schlüpfen. Da geschah etwas Merkwürdiges. Die dunkle Gestalt öffnete die Tür zu Christians Zimmer, blieb aber unschlüssig stehen. Armer Christian! Was wird der Eindringling mit dir tun? Angstschweiß perlte von meiner Stirn. Ich wollte schreien, aber kein Laut kam über meine Lippen. Plötzlich drehte sich die Gestalt um und knipste das Licht an. Ich blinzelte ängstlich und entdeckte – meinen Bruder Christian! In eine Decke gehüllt, schlotternd, denn es war kalt in der Diele, kehrte er von der Toilette in sein Zimmer zurück. „Ach, du bist es", sagte er, „als ich in mein Zimmer gehen wollte, merkte ich, dass noch jemand im Gang ist." Ich sagte nichts, sprang auf, rannte den Flur zurück, riss die Kinderzimmertür auf, ließ sie ins Schloss fallen und hüpfte mit einem Satz ins Bett.
Dann zog ich die Bettdecke über meinen Kopf und es dauerte nicht lange, bis ich tief und fest eingeschlafen war. Der Durst war mir vergangen.

Einleitung

Hauptteil
• Erzählschritte

Beginn des **Höhepunkts**

Spannug wird immer mehr gesteigert

Gedanken **Spannungsgipfel**

Spannung löst sich wörtliche Rede

Schluss

* In dieser Geschichte gibt es viele treffende Ausdrücke. Sie sind unterstrichen.

Wie ich einmal einen Frosch kitzelte

Es war an einem Sonntag, das Mittagessen stand
auf dem Tisch, aber Vater kam nicht wie verein-
bart nach Hause. Meine Mutter rief mich: „Bitte
geh zum Nachbarn und sag Vater, dass das Essen
fertig ist!"
• Sofort sauste ich hinüber. Mein Vater und unser
Nachbar, Herr Weber, tranken gerade ein Glas
Bier. • Damit ich mich nicht langweilte, fragte
mich Herr Weber, ob ich mir nicht inzwischen den
kleinen Teich mit den Fröschen und Goldfischen
anschauen wolle. • „O ja, gerne", erwiderte ich und
lief zum Teich. Am Rande saß ein schwarzbraun
gefleckter Frosch. Langsam ging ich näher hin, um
ihn besser betrachten zu können. Seine Glotz-
augen gingen hin und her, und ich sah jetzt auch,
wie sich seine Schallblasen blähten und wieder
zusammenzogen. Mir kam eine Idee.
Ich zupfte einen Grashalm aus und fing an, ihn
damit am Kopf zu kitzeln. Tatsächlich! Er bewegte
seinen Kopf, und es schien mir, als ob blitzschnell
sein langes Zünglein herausschnellte. Nun machte
mir mein Spiel erst richtig Spaß und ich kitzelte
ihn wieder. Da sprang er plötzlich hoch. Erschreckt
fuhr ich zurück, denn ich fürchtete, er würde
mir ins Gesicht springen. Dabei stolperte ich
und – o Graus! – ich fühlte meine Hand auf etwas
Weichem, Feuchtem liegen und das bewegte sich
auch noch! Ich schrie laut auf und fing furchtbar
an zu zappeln. Mein Vater eilte herbei und sah
gerade noch, wie der Frosch mit einem Satz
knapp an meinem Gesicht vorbei wegsprang.
Vater lachte laut auf und fragte ein wenig schein-
heilig: „Warum bist du denn so blass?" Ich aber
wusste nicht, ob ich lachen oder weinen sollte.

Eines aber weiß ich seitdem bestimmt:
Ich kitzle nie mehr einen Frosch.

Einleitung

wörtliche Rede

Hauptteil
• Erzählschritte

wörtliche Rede
Beginn des
Höhepunkts

der Leser wird
neugierig
gemacht

Gefühle

**Spannungs-
gipfel**

wörtliche Rede

Schluss

Merktafeln: Die wichtigsten Schritte zum gelungenen Erlebnisaufsatz

1. Du beschäftigst dich mit dem **Thema** und suchst ein passendes **Erlebnis**.

Zuerst denkst du gut über das **Thema** (die **Überschrift**) nach:

Ein **lustiger** Streich – Ein **gemeiner** Streich – Ein **gelungener** Streich

Achte dabei auf **jedes einzelne Wort**, vor allem auf den **Schlüsselbegriff**!

Was bedeuten **lustig**, **gemein** oder **gelungen**?

Wenn du das Thema **verstanden** hast, versuchst du dazu **ein** passendes **Erlebnis** aus der Erinnerung hervorzuholen:

> Wie war das doch gleich wieder?

Leider haben wir viele Ereignisse halb vergessen und müssen sie durch **Nachdenken** erst wieder „zum Leben erwecken".

Du brauchst **nichts Besonderes** erlebt zu haben. Einfache Erlebnisse genügen:

Du ärgerst dich, weil der Schwimmunterricht schon wieder ausfällt.

Du bist traurig, weil dein Fahrrad kaputt ist.

Auch für diese „bescheidenen" Erlebnisse findest du aufmerksame Zuhörer und Zuhörerinnen – wenn du sie **gut** erzählst!

2. Du suchst den **Höhepunkt** des ausgewählten Erlebnisses.

Du überlegst, was der **Höhepunkt** deines Erlebnisses ist.

Der Höhepunkt der folgenden Inhaltsangabe ist fett gedruckt:

Emma ist mit ihrem kleinen Bruder Mark beim Einkaufen. Sie ist schon ziemlich müde. Mark will unbedingt noch in ein Spielwarengeschäft. Emma erfüllt seinen Wunsch. **Erschöpft setzt sie sich auf einen Plastikstuhl. Der Stuhl bricht auseinander und Emma verletzt sich. Sie muss im Krankenhaus genäht werden.** Emma ist froh, als sie wieder zu Hause ist.

3. Du wählst die **richtige Zeit**, schreibst eine **Einleitung** und führst in **Erzählschritten** zum **Höhepunkt** (**Erzählziel**) hin.

Die **richtige** Erzählzeit ist das **Präteritum** (1. Vergangenheit):

Emma **kaufte** mit ihrem kleinen Bruder im Spielwarenladen ein. Dabei **passierte** ihr ein peinliches Missgeschick.
      ↑
   Präteritum (1. Vergangenheit)

Mit der **Einleitung stimmst** du den Leser auf die Geschichte **ein** und beantwortest wichtige **W**-Fragen:

wann?	Gestern
wer?	war ich mit meinem kleinen Bruder Mark
wo?	in Tübingen
was?	beim Einkaufen.

Mit **Erzählschritten** bereitest du den **Höhepunkt** vor.
Verliere dabei das **Thema** nie aus den Augen!

1. Erzählschritt:	Anstrengender Einkauf mit Bruder Mark.
2. Erzählschritt:	Emma war schon ziemlich erschöpft.
3. Erzählschritt:	Mark wollte unbedingt in ein Spielwarengeschäft.
4. Erzählschritt:	Emma erfüllte seinen Wunsch.
5. Erzählschritt:	Sie setzte sich müde auf einen Plastikstuhl.
Höhepunkt:	Plötzlich ...

4. Du arbeitest den **Höhepunkt**, das **Erzählziel**, sorgfältig aus.

Du erzählst so **genau**, dass der Leser keine Fragen hat:

... er wollte Sebastian den Ball aus der **Hand schlagen**, aber der **merkte** es und warf den Ball **einige Meter** von sich. Beide **schwammen** nun auf den Ball **zu** ...

Halte dich auch hier immer an das **Thema**.

5. Du wendest **sprachliche Mittel** an, die deine Erzählung **lesenswert** machen.

Du setzt öfter die **wörtliche Rede** ein:

Ohne wörtliche Rede:
Sie fragte, ob ich nichts gehört habe, so ein entsetzliches Stöhnen.

Besser **mit** wörtlicher Rede:
„Still! Hörst du nichts? Da! Dieses entsetzliche Stöhnen."

Du schreibst auch, was du **gedacht** und **gefühlt** hast:

Du verwendest **treffende** Wörter. Die entscheidende Mitteilung machst du immer mit Hilfe des **Verbs** (Tunwort):

Die Kinder liefen (treffender: **rannten**) im Schulhof umher.
Der Hund lief (treffender: **jagte**) der Katze nach.
Wir liefen (treffender: **sprangen**) fröhlich über Stock und Stein.
Es war schon spät und ich lief (treffender: **eilte**) zum Bahnhof.
Ich suchte Max und lief (treffender: **hastete**) unruhig durch die Straßen.

Du stellst **wichtige Wörter**, wo es passt, an den **Satzanfang**:

Wütend fiel Sarah über mich her.
Mit **Blitz** und **Donner** brach das Gewitter über uns herein.

Du unterbrichst die Handlungsschritte durch **Einschübe**, die zur Geschichte passen und die **Lösung** der **Spannung verzögern**:

Handlungsschritt 1: Die Eisdecke bekam einen Riss und gab nach.
Handlungsschritt 2: Schnell begann ich einzusinken.
Unterbrechung: Ich stand wie auf einer nachgebenden Matratze.
Handlungsschritt 3: Schon drang eiskaltes Wasser durch meine Kleidung.

6. Du beendest deinen Aufsatz mit einem **kurzen Schluss**.

Du hast **zwei** Möglichkeiten, eine Geschichte abzuschließen:

1. mit einem **Ausblick** in die **Zukunft**

2. mit einer **allgemeinen Schlussbemerkung**

1. Ich werde nie mehr aufs Eis gehen, ohne mich vorher zu erkundigen, ob die Eisdecke trägt (= **Ausblick** in die **Zukunft**).

2. Diese Erfahrung hat mir gezeigt, dass es gut ist, sich rechtzeitig auf eine Prüfung vorzubereiten (= **allgemeine Schlussbemerkung**).

Wortfelder helfen dir, ein passendes Wort zu finden

Ein Wortfeld ist eine Gruppe von **sinnverwandten** Wörtern.
Beispiel: Zum Wort **sehen**, werden Wörter mit **ähnlicher Bedeutung** genannt: betrachten, schauen, beobachten usw.
Mit Wortfeldübungen kannst du deinen Wortschatz **erweitern**, um so in deinen Aufsätzen **treffende** Wörter zu benutzen. Es folgen nun Wortfelder zu **Verben** (Tunwörter) sowie zu **Adjektiven** (Wiewörter). Diese Wortfelder werden anschließend mit **Satzbeispielen** erläutert.

Wortfelder zu **Verben** (Tunwörter)

antworten	erwidern, entgegnen
beleidigen	verletzen, kränken
brennen	flackern, lodern, glühen, züngeln
denken	überlegen, grübeln, rätseln, tüfteln
erklären	erläutern, klarmachen
essen	speisen, mampfen, hinunterwürgen, stopfen, schlingen, naschen, knabbern, schlecken, löffeln, schlemmen
fahren	rasen, sausen, reisen, radeln
fliegen	flattern, gleiten, schweben, segeln, schwirren
fragen	sich erkundigen, wissen wollen, um Auskunft bitten
frieren	frösteln, schlottern
gehen	eilen, hasten, rennen, sausen, rasen, trödeln, bummeln, schlendern, spazieren, waten, stapfen, wandern
lachen	in Gelächter ausbrechen, lächeln, schmunzeln, grinsen, kichern
lügen	schwindeln, übertreiben, flunkern, täuschen
machen	basteln, kneten, zubereiten, herstellen, erledigen

regnen	nieseln, tröpfeln, gießen, schütten, prasseln, in Strömen regnen
schimpfen	meckern, murren, tadeln, anfauchen
schwatzen	plappern, faseln, quatschen, schnattern, quasseln
sehen	blicken, schauen, betrachten, spähen, beobachten, gucken, blinzeln, schielen, starren, glotzen, gaffen
singen	summen, trällern, zwitschern, trillern, pfeifen, zirpen
streiten	sich zanken, Krach haben, aneinandergeraten

Beispiele zu den **Verben** (Tunwörter)

antworten	▶ „Was hat er denn auf deine Frage **erwidert**?" ▶ „Nein, ich werde dich nicht besuchen", **entgegnete** ich.
beleidigen	▶ „Deine Worte **verletzen** mich sehr." ▶ „Es **kränkt** mich, dass du mich nicht einlädst."
brennen	▶ Das Feuer im Kamin **flackerte** unruhig. ▶ Die Flammen **loderten** weit in den Nachthimmel hinein. ▶ Die Holzkohle **glühte** noch lange. ▶ Flammen **züngelten** aus dem Dach.
denken	▶ Ich **überlegte** lange, fand aber die Lösung nicht. ▶ Der Ingenieur **grübelte** tagelang über einem Problem. ▶ Wir **rätselten**, was das seltsame Zeichen bedeuten sollte. ▶ Max **tüftelte** lange, bis er das Rätsel lösen konnte.
erklären	▶ Herr Stolz **erläuterte** uns seinen Plan. ▶ Ich wollte ihm **klarmachen**, wie aussichtslos es war.
essen	▶ vornehm essen: **speisen** ▶ unschön: **mampfen, hinunterwürgen, stopfen, schlingen** ▶ kleine Mengen: **naschen, knabbern, schlecken, löffeln** ▶ große Mengen: **schlemmen**

fahren	▶ Der Radfahrer **raste** den Berg hinab. ▶ Wir **sausten** mit unseren Skiern den Abhang hinab. ▶ Familie Baumann **reiste** kreuz und quer durch das Land. ▶ Wir **radelten** bergauf und bergab.
fliegen	▶ Der Wellensittich **flatterte** verängstigt im Käfig umher. ▶ Mein Papierflieger **glitt** elegant zu Boden. ▶ Über dem Dorf **schwebten** zahlreiche Drachenflieger. ▶ Unablässig **segelten** Möwen über den Strand. ▶ Unzählige Mücken **schwirrten** über unseren Köpfen.
fragen	▶ Wir **erkundigten** uns nach dem Weg. ▶ Ich **wollte wissen**, warum Paul so wütend war. ▶ Ich **bat** den Schaffner **um eine Auskunft**.
frieren	▶ Der Himmel zog zu, es wurde kühler und mich **fröstelte**. ▶ Im Kühlraum war es eisig kalt. Anna **schlotterte** heftig.
gehen	▶ schnell gehen: **eilen, hasten, rennen, sausen, rasen** ▶ langsam gehen: **trödeln, bummeln, schlendern** ▶ im Wasser gehen: **waten** ▶ im Schnee gehen: **stapfen** ▶ zur Erholung: **wandern, spazieren**
lachen	▶ Als er alles erzählt hatte, **brach** die Runde in lautes **Gelächter aus**. ▶ Frau Maier begrüßte mich und **lächelte** freundlich dabei. ▶ Er **schmunzelte** bei dem Gedanken an den lustigen Abend. ▶ Tom **grinste**, er hatte mich wieder hereingelegt. ▶ Es nervte, dass die Mädchen dauernd **kicherten**.
lügen	▶ Sarah **schwindelte** mich an, sie hatte nämlich nicht gewonnen. ▶ Er **übertrieb** gewaltig, der Berg war gar nicht so hoch. ▶ Ich durfte ihm nicht alles glauben, er **flunkerte** gerne ein wenig. ▶ Man **täuschte** die Leute über das Ausmaß der Katastrophe.

machen	▶ Wir **bastelten** ein schönes Mobile. ▶ Mutter musste erst noch den Teig **kneten**. ▶ Vater wollte vorher das Abendessen **zubereiten**. ▶ Die Konditorei **stellte** gute Pralinen **her**. ▶ Ich **erledigte** es gerne für sie.
regnen	▶ Es war ein nebliger Herbsttag, und es **nieselte** ein wenig. ▶ Die Wolken wurden dichter, schon begann es zu **tröpfeln**. ▶ Es **goss** und **schüttete**, als hätte der Himmel sämtliche Schleusen geöffnet. ▶ Der Regen **prasselte** auf das Blechdach. ▶ Es **regnete in Strömen**. Ich wurde pitschnass.
schimpfen	▶ Ständig **meckerten** sie über das Essen. ▶ Wir **murrten**, weil wir so viel lernen mussten. ▶ Der Lehrer **tadelte** mich, weil ich nicht aufgepasst hatte. ▶ „Du hast mich verpetzt!", **fauchte** mich Nicole **an**.
schwatzen	▶ Die Schüler **plapperten** wie im Kindergarten. ▶ Ständig **faselte** mein Bruder von seinen Erfolgen. ▶ Ich war genervt, Lea hörte nicht auf zu **quatschen**. ▶ Zu fünft **schnatterten** sie wie die Gänse. ▶ „Jetzt hör schon auf zu **quasseln**."
sehen	▶ Wir **blickten** umher, aber nichts war zu sehen. ▶ Ich **schaute** immer wieder nach meinem kleinen Bruder. ▶ Lange **betrachteten** wir das schöne Bild. ▶ Wir **spähten** in alle Richtungen, entdeckten aber nichts. ▶ Gestern **beobachtete** ich am Waldrand einen Hasen. ▶ Ich **guckte** heimlich durchs Schlüsselloch. ▶ Max **blinzelte** ein wenig in die Sonne. ▶ Immer wieder **schielte** Amelie zu ihrer Nachbarin. ▶ Als ich ihr alles gesagt hatte, **starrte** sie mich entgeistert **an**. ▶ Sie **glotzte** wirklich dämlich. ▶ Die Leute standen herum und **gafften** neugierig.

singen	▶ Marie **summte** immer dieselbe Melodie vor sich hin. ▶ Die Kleine **trällerte** ein Kinderlied. ▶ Die Schwalben **zwitscherten** und die Lerchen **trillerten**. ▶ Ein Star **pfeift** sein Lied. ▶ Im Sommer **zirpen** die Grillen.
streiten	▶ Sonja und Tanja **zankten sich** wieder einmal. ▶ Gestern **hatte** ich mit meiner Freundin **Krach**. ▶ Beim Fußballspielen waren Tim und Jens **aneinandergeraten**.

Wortfelder zu Adjektiven (Wiewörter)

allein	einsam
ängstlich	furchtsam, besorgt
böse	bösartig, gemein, abscheulich, scheußlich
dumm	strohdumm, dämlich, blöd, doof, albern
dunkel	finster, stockdunkel, düster, dämmrig
glücklich	fröhlich, heiter, froh, freudig, heilfroh, erleichtert, zufrieden
groß	geräumig, riesig, breit, wuchtig
kalt	frisch, nasskalt, kühl, eiskalt, eisig, bitterkalt
kaputt	zerbrochen, zerrissen, im Sinne von müde: erschöpft, erledigt
klein	winzig, gering, spärlich
klug	intelligent, gebildet, aufgeweckt, begabt, schlagfertig, schlau, pfiffig, gerissen
langsam	gemächlich, zögernd, allmählich
laut	lärmend, schallend, gellend, ohrenbetäubend
leise	ruhig, gedämpft, still, mucksmäuschenstill, totenstill
mutig	furchtlos, kühn, waghalsig, verwegen, tapfer
ordentlich	sorgfältig, gründlich, sauber

schlank	dünn, mager, dürr
schmutzig	dreckig, unrein, schmierig, staubig
schnell	rasch, blitzschnell, flink, eilig
schön	hübsch, reizend, herrlich, angenehm, niedlich
schrecklich	furchtbar, fürchterlich, entsetzlich, schlimm, schauderhaft
traurig	betrübt, unglücklich, bedrückt

Satzbeispiele zu den **Adjektiven** (Wiewörter)

allein	▸ Niemand will mit mir spielen, ich bin **einsam**.
ängstlich	▸ Das Kind warf **furchtsame** Blicke auf den Hund. ▸ Mutter war um mich **besorgt**, weil ich so lange ausblieb.
böse	▸ Er ist ein **bösartiger** Mensch, der sich über dein Unglück freut. ▸ Ich war halb verhungert, aber du hast mir nichts gegeben. Das war **gemein** von dir. ▸ Ein **abscheulicher** (**scheußlicher**) Kerl ist das, der mich bei allen Leuten schlechtmacht.
dumm	▸ Nichts kapiert er. Er ist wirklich **strohdumm**. ▸ Was für eine **dämliche** Frage! ▸ Ständig ärgert mich mein Bruder. Er ist wirklich **blöd**. ▸ Diese **doofe** Mathehausaufgabe nervt mich. ▸ Die Mädchen waren wirklich **albern**.
dunkel	▸ In **finsterer** Nacht allein im Wald, das ist nicht schön. ▸ Stolpere nicht, hier ist es ja **stockdunkel**. ▸ Ich mag diesen **düsteren** Gang ohne richtige Beleuchtung nicht. ▸ Es war an einem **dämmrigen** späten Nachmittag im November.

glücklich	▶ unbeschwerte, gute, ausgeglichene Stimmung: **fröhlich**, **heiter** ▶ Aus dem Fenster drang das **frohe** Lachen von Kindern. ▶ Das war eine **freudige** Überraschung. ▶ Wir waren **heilfroh** (**erleichtert**), denn das Unwetter war vorüber. ▶ Meine Oma war immer ein **zufriedener** Mensch.
groß	▶ Familie Maier mietete eine **geräumige** Wohnung. ▶ Ich hatte Angst, vor mir stand ein **riesiger** Kerl. ▶ Die Donau ist ein **breiter** Strom. ▶ Wir standen vor dem **wuchtigen** Dom.
kalt	▶ Im September kann es morgens schon recht **frisch** sein. ▶ Im November ist das Wetter oft unangenehm **nasskalt**. ▶ Im Schatten war es angenehm **kühl**. ▶ Die Limonade aus dem Kühlschrank war **eiskalt**. ▶ Am Abend blies ein **eisiger** Wind: Es wurde **bitterkalt**.
kaputt	▶ Die Vase ist **zerbrochen**. ▶ Der Rock war **zerrissen**. ▶ Nach dem stressigen Tag war ich **erschöpft** (**erledigt**).
klein	▶ Der Doktor machte nur einen **winzigen** Schnitt. ▶ Der Sturm richtete nur **geringen** Schaden an. ▶ Wir waren mit der **spärlichen** Mahlzeit zufrieden.
klug	▶ Tom ist zu **intelligent**, um den Blödsinn zu glauben. ▶ Der Professor ist ein **gebildeter** Mensch. ▶ Sie ist ein **aufgewecktes** Kind. Sie weiß viel. ▶ Mario ist so **begabt**, dass er Berufsmusiker wird. ▶ Julia gibt oft **schlagfertige** Antworten. ▶ Meine **schlaue** Schwester hatte den Plan durchschaut. ▶ Mein **pfiffiger** Freund hatte einen Einfall. ▶ Dieser Einbrecher war ein **gerissener** Bursche.
langsam	▶ Ich packte **gemächlich** meine Schultasche. ▶ Mein Freund rückte **zögernd** mit der Wahrheit heraus. ▶ Die Lokomotive kam **allmählich** in Fahrt.

laut	▸ **Lärmend** liefen die Kinder aus dem Schulhaus. ▸ Ich musste **schallend** lachen. ▸ Ein **gellender** Hilfeschrei durchbrach die Stille. ▸ Mit **ohrenbetäubendem** Lärm flog das Flugzeug über unsere Köpfe hinweg.
leise	▸ Bastian schlief, ich hörte seine **ruhigen** Atemgeräusche. ▸ Durch die verschlossene Tür vernahm man **gedämpfte** Stimmen. ▸ Es war spät am Abend, es war **still** (**totenstill**) draußen. ▸ Die Kinder waren **mucksmäuschenstill**.
mutig	▸ Robin Hood war **furchtlos** (**kühn**). ▸ Max stürzte sich **waghalsig** in ein **verwegenes** Abenteuer. ▸ Stefanie ertrug **tapfer** alle Schmerzen.
ordentlich	▸ „Bitte mach deine Hausaufgaben **sorgfältig**." ▸ Ich bereite mich auf Prüfungen **gründlich** vor. ▸ Das Heft wurde **sauber** geführt.
schlank	▸ Tim war so **dünn** (**mager**), dass er durch das Gitter passte. ▸ Die Alte packte mich mit ihren **dürren** Händen.
schmutzig	▸ Seine Hände waren so **dreckig** von der Gartenarbeit. ▸ **Unreines** Wasser sollte man auf keinen Fall trinken. ▸ Dieser **schmierige** Lappen ist einfach eklig. ▸ Die Reise führte über **staubige** Landstraßen.
schnell	▸ Sie kamen mit der Arbeit **rasch** voran. ▸ Er drehte sich **blitzschnell** um und stach zu. ▸ Mit **flinken** Fingern hatte sie die Knöpfe gleich geöffnet. ▸ Er kam **eilig** auf mich zu.
schön	▸ Vanessa ist ein **hübsches** Mädchen. ▸ Chloe fertigt **reizende** kleine Sachen aus Keramik. ▸ Vom Gipfel hatten wir eine **herrliche** Aussicht. ▸ Es war wirklich ein **angenehmer** Abend. ▸ Ist dieser kleine Hamster nicht **niedlich**?

schrecklich	▸ Im Straßenverkehr ereignen sich **furchtbare** Unfälle. ▸ Anna hatte **fürchterliche** Schmerzen. ▸ Das Erdbeben hatte **entsetzliche** Auswirkungen. ▸ Diese **schlimme** Nachricht machte mich traurig. ▸ Marc hat eine **schauderhafte** Handschrift.
traurig	▸ Sein **betrübtes** Gesicht verriet seine Sorgen. ▸ Wer Liebeskummer hat, ist **unglücklich**. ▸ Als die Gäste die Nachricht erfuhren, schwiegen sie **bedrückt**.

Übungen zu den Wortfeldern

1)

▸ Decke die rechte Spalte zu, dann wähle ein Wort in der linken Spalte aus, z. B. **antworten**.

▸ Schreibe alle Wörter auf, die dir zum Wortfeld **antworten** einfallen, z. B. **erwidern**, **entgegnen**.

▸ Vergleiche die von dir gefundenen Wörter mit denen in der rechten Spalte.

▸ Wiederhole diese Übung immer wieder. Auf diese Weise wird dein Wortschatz umfangreicher.

2)

▸ Wähle ein Wort aus der rechten Spalte, bei fliegen nimmst du z. B. **schweben**.

▸ Schreibe nun mit diesem Wort einen Satz, etwa diesen: **Über dem Dorf schwebten zahlreiche Drachenflieger.**

▸ Vergleiche jetzt deinen Satz mit dem in den Satzbeispielen.

3)

▸ Du kannst mit den Wörtern eines Wortfeldes „spielen", indem du Wörter in den einzelnen Sätzen vertauschst:

▸ Beispiel: Vom Gipfel hatten wir eine **herrliche** Aussicht.
Vom Gipfel hatten wir eine **„niedliche"** Aussicht.

▸ Du überlegst: Was passt einigermaßen, was nicht?

▸ Auf diese Weise bekommst du ein Gefühl für die Bedeutung der Wörter.

Eine Sammlung häufiger Aufsatzthemen

Von Freuden und Leiden: Da habe ich mich gefreut (geärgert) – Als ich einmal überrascht wurde – Glück gehabt! – Gewonnen! – Wer hätte das gedacht? – Da musste ich herzhaft lachen – Das war ein Schrecken! – Ich war in großer Gefahr – Das war aufregend – Da hatte ich Angst – Zu Unrecht verdächtigt – Eine große Enttäuschung – Das war gemein! – Auf frischer Tat ertappt – Ich wurde wütend – Verirrt! – Pech gehabt! – Verschlafen! – Ein schlimmer Unfall – Ärger mit Geschwistern – Angst im Dunkeln – Mein gruseligstes Erlebnis – Gerade noch einmal gut gegangen

Scherz und Spiel: In den April geschickt – Ein lustiger Streich – Hereingelegt! – Am Lagerfeuer – Ein Spiel im Wald – Ein lustiges Faschingserlebnis

Krankheit und Schmerz: Als ich einmal krank war – Ein Unfall (mit dem Fahrrad, beim Spiel oder Sport) – Muskelkater! – Du blutest ja!

Erlebnisse mit Tieren: Ich beobachtete ein Tier – Ich pflegte ein krankes Tier – Wie unsere Katze Junge bekam – Von einer Biene gestochen – Ich hatte Angst vor einem Hund – Ein Vogel ist zugeflogen – Ein Igel in unserem Garten – Unser Hund auf Katzenjagd – Mein schönstes Erlebnis im Tierpark – Einmal war unsere Katze verschwunden

Sommer und Winter: Ein Badeerlebnis – Wasserscheu! – Wie ich ins Wasser fiel – Eine lustige Schneeballschlacht – Beim Schlittenfahren – Eine halsbrecherische Skiabfahrt – Ein Erlebnis auf dem Eis

Vom Wetter: Wir wurden tropfnass – Baden bei Regenwetter – Diese Hitze! – Ein schreckliches Gewitter – Das war ein Sturm – Endlich schneite es

Ereignisse: Am Muttertag – Ein schöner Geburtstag

Stichwortverzeichnis